Porvenir regulatorio del mercado de valores de la República Dominicana

Arturo Féliz Camilo

Primera edición impresa para

CreateSpace de Amazon

Agosto 2012

ISBN-13: 978-1479141838

ISBN-10: 1479141836

Arturo Féliz Camilo ©

Derechos reservados

Índice de contenidos

1. Introducción
2. I.-El problema regulatorio. ¿Regulación, desregulación o autorregulación?
3. I.A.-Autores a favor de la desregulación.
4. I.B.-Autores a favor de la regulación. Propuestas pro-regulación.
5. II.-Experiencias regulatorias en otros países.
6. II.A.-Estados Unidos de América.
7. II.B.-Canadá.
8. II.C.-Inglaterra. Reino Unido.
9. II.D.-Malasia.
10. II.E.-Argentina.
11. III.-El mercado de valores en la República Dominicana. Orígenes y Antecedentes Generales.
12. III.A.-El modelo regulatorio del mercado de valores de la República Dominicana.

13. III.B.-Organismos con atribuciones regulatorias en el mercado de valores de la República Dominicana.
14. III.B.1.-Consejo Nacional de valores.
15. III.B.2.-Superintendencia de valores.
16. III.B.3.-Las Bolsas de Valores.
17. IV.-Perspectivas regulatorias en el mercado de valores de la República Dominicana.
18. IV.A.-Experiencias en el sector financiero.
19. IV.A.1.-Las quiebras de los 1980's.
20. IV.A.2.-Las quiebras del 2003.
21. IV.B.-Cultura de desconfianza.
22. IV.B.1.-Los Bonos.
23. IV.B.2.-Factor irracional. Análisis Académico.
24. IV.C.-Escenarios posibles.
25. IV.C.1.-Primer Escenario. Crecimiento del sector.

26. IV.C.2.-Segundo Escenario. Crisis en el sector bursátil.
27. IV.C.3.-Tercer escenario. Permanencia del "estatus quo".
28. V. Análisis objetivo y cuantitativo de la regulación existente para el sector de mercado de valores en la Republica Dominicana.
29. VI.-Consideraciones finales.
30. Conclusiones

Bibliografía

Esquema de contenidos

I.-El problema regulatorio. ¿Regulación, desregulación o autorregulación?

    I.A.-Autores a favor de la desregulación.

    I.B.-Autores a favor de la regulación. Propuestas pro-regulación.

II.-Experiencias regulatorias en otros países.

    II.A.-Estados Unidos de América.

    II.B.-Canadá.

    II.C.-Inglaterra. Reino Unido.

    II.D.-Malasia.

    II.E.-Argentina.

III.-El mercado de valores en la República Dominicana. Orígenes y Antecedentes Generales.

III.A.-El modelo regulatorio del mercado de valores de la República Dominicana.

III.B.-Organismos con atribuciones regulatorias en el mercado de valores de la República Dominicana.

    III.B.1.-Consejo Nacional de valores.

    III.B.2.-Superintendencia de valores.

    III.B.3.-Las Bolsas de Valores.

IV.-Perspectivas regulatorias en el mercado de valores de la República Dominicana.

    IV.A.-Experiencias en el sector financiero.

    IV.A.1.-Las quiebras de los 1980's.

    IV.A.2.-Las quiebras del 2003.

    IV.B.-Cultura de desconfianza.

IV.B.1.-Los Bonos.

IV.B.2.-Factor irracional. Análisis Académico.

IV.C.-Escenarios posibles.

IV.C.1.-Primer Escenario. Crecimiento del sector.

IV.C.2.-Segundo Escenario. Crisis en el sector bursátil.

IV.C.3.-Tercer escenario. Permanencia del "estatus quo".

V. Análisis objetivo y numérico de la regulación existente para el sector de mercado de valores en la Republica Dominicana.

VI.-Consideraciones finales.

Introducción

El problema de la regulación ha sido por mucho tiempo uno de los principales temas de discusión en los mercados financieros.

En el mercado de valores en la República Dominicana, a pesar de ser una discusión primordial y de actualidad, sólo sectores empresariales y usuarios interesados han abordado el tema. Para el ciudadano común, aún para aquel con un nivel educativo por encima del promedio, es un tema desconocido. En sentido general las informaciones en cuanto al mercado de valores y más aún, del problema regulatorio del mercado de valores, son informaciones que se encuentran fuera del alcance y comprensión del público.

Entre los profesionales del derecho tampoco es un tema que se entienda y se domine a plenitud. Es eso lo que motiva de forma principal un estudio de esta naturaleza.

¿Qué es la regulación en sentido general? La regulación puede definirse como una serie de restricciones impuestas por las agencias administrativas del gobierno a determinado sector, por medio de reglamentaciones o legislación apoyadas en sanciones y multas. La regulación es básicamente la intervención del estado con fines de organizar y reglamentar un sector o mercado determinado.

¿Por qué se regula un mercado? Hay diversas razones que históricamente justifican la existencia y desarrollo de los marcos regulatorios en los mercados. Las principales son:

- Para evitar los monopolios entre los entes que participan en un sector;
- Para compensar a los afectados por la ineficiencia de un mercado determinado;
- Por el bien común (O por la presunción de que algunas áreas de la sociedad deben siempre estar bajo el control del estado. Ej.: Salud pública, educación básica, etc.);
- Asimetría en la información entre los agentes;[1]

---

[1] Teoría de los profesores George Akerlof, Michael Spence y Joseph E. Stiglitz que les valió ganar el premio Nóbel de economía en el 2001.

- Por el deseo de la sociedad;
- Por eventos externos imprevistos.

El presente estudio se referirá principalmente al problema regulatorio en los mercados de valores. Cabe entonces preguntarnos ¿En que consiste el problema regulatorio?

El problema regulatorio radica en que la forma, el estilo y la tendencia regulatoria en un mercado puede determinar el éxito o el fracaso del mismo. Una fuerte regulación puede impedir que un mercado se desarrolle mientras que una regulación ineficiente puede causar crisis y estimular el fraude y el abuso. Encontrar el equilibrio no es una tarea fácil, pues no parece haber una fórmula general que pueda aplicarse a todos los mercados con iguales resultados.

En la actualidad diversas tendencias matizan la discusión del tema regulatorio. Algunas abogan por la desregulación, otras apoyan la regulación (Ya sea el mantenimiento de la regulación existente o el endurecimiento de los marcos regulatorios). Por otro lado, unas últimas proponen la autorregulación. Cada una de estas tendencias tiene diversos niveles de intensidad y variadas interpretaciones y enfoques.

En los mercados de valores el marco regulatorio es un tema esencial. Los volúmenes de dinero que se manejan en los mismos y el interés social implicado obligan a las autoridades a regular de forma cuidadosa y eficiente.

En la Republica Dominicana el marco regulatorio fundamental es la Ley 19-00 de Mercado de Valores. La Ley 19-00 otorga facultades regulatorias en el ámbito del mercado de valores a las siguientes instituciones:

- ❖ El Consejo Nacional de Valores.
- ❖ La Superintendencia de Valores.
- ❖ Las Bolsas de Valores.

El presente estudio considera primero los principales argumentos a favor y en contra de la regulación, estudia luego las experiencias regulatorias en diversos mercados en otros países y finalmente analiza la situación regulatoria en la República Dominicana y las perspectivas regulatorias. También analizamos los principales problemas regulatorios y las salidas que entendemos pertinentes.

I.- El problema regulatorio. ¿Regulación, desregulación o autorregulación?

Resulta pertinente, antes de entrar en materia, definir algunos conceptos. Lo primero sería señalar, ¿Qué es la regulación? Por regulación entendemos:

"...una técnica del Estado moderno dentro de sus funciones de policía administrativa consistente en la utilización de un conjunto de normas y medios jurídico-económicos para lograr el funcionamiento adecuado de determinadas actividades o sectores considerados esenciales de una comunidad y que por sus características específicas no pueden dejarse en su totalidad al libre juego de las reglas de mercado, procurando establecer un equilibrio entre los intereses de las partes involucradas..."[2]

Es importante aclarar además que en el curso de este estudio utilizaremos los términos regulación, desregulación y autorregulación en acepciones que no necesariamente coinciden con todos los textos que tratan sobre el particular.

Por esta razón es trascendental entender que cuando hablemos de regulación nos estaremos refiriendo a regulación estricta. A lo que en muchos textos encontraremos quizás definido con el nombre de "sobre regulación" o regulación excesiva. Asimismo, cuando hablemos de desregulación de lo que

---

[2] Carbajales, Mariano. "La regulación del mercado financiero. Hacia la autorregulación del mercado de valores".Marcial Pons. 2006. Página 19.

estaremos hablando será de "regulación mínima"[3].

El mercado de valores es considerado un mercado de "información asimétrica" y la protección del público en este tipo de mercados es esencial. La doctrina, por su parte, es casi unánime en señalar la necesidad de regular los mercados financieros.[4] La experiencia no ha sido buena cuando la regulación ha estado ausente o cuando ha sido demasiado flexible.[5]

Por autorregulación entenderemos las atribuciones y capacidades de las

---

[3] El principio de "regulación mínima" es también el principio por el que se rige nuestro mercado de valores. Según lo establece el segundo considerando y el artículo 119 del reglamento 729-04 de aplicación de la ley de mercado de valores 19-2000.
[4] "La regulación del mercado financiero. Hacia la autorregulación del mercado de valores" Carbajales, Mariano. Marcial Pons. 2006. Página 23.
[5] La reciente (Y actual) crisis del sector hipotecario en los Estados Unidos es una muestra fehaciente de esto.

organizaciones y los organismos privados para regularse a si mismos.

La discusión sobre el nivel de intensidad regulatoria así como sobre el enfoque regulatorio en los mercados ha sido desde hace mucho tiempo un debate en las naciones industrializadas. Es quizás a la revolución industrial a donde se remitirán las primeras expresiones del liberalismo económico y las primeras discusiones en cuanto al nivel apropiado de regulación.

Algunos sectores y mercados han gozado tradicionalmente de un nivel de proteccionismo y de regulación bastante altos. Estos son generalmente aquellos de servicios públicos y aquellos sectores considerados imprescindibles, esenciales y de seguridad nacional. Estos conceptos, a pesar de ser relativos y de haber evolucionado con el transcurrir del tiempo siguen siendo vigentes al día de hoy.

Es comúnmente aceptado que los Estados son malos administradores y es por esa razón por lo que la tendencia extendida en los países industrializados es hacia la "reducción del Estado". Es decir, evitar la incursión del Estado en asuntos no directamente relacionados con la administración del Estado mismo. Los Estados en vía de desarrollo, siguiendo el ejemplo, han evidenciado una tendencia hacia la privatización y descentralización.[6]

---

[6] No siempre de forma afortunada.

Esta propensión generalizada ha llevado por senderos de capitalización, privatización y desregulación. La desregulación se ha justificado sobre la base de que también se ha estimado que el Estado debe intervenir en los mercados lo menos posible. Los doctrinarios liberales entienden que no hay mejor regulador que el mercado mismo. Como veremos más adelante, en el análisis de las diversas propuestas regulatorias: Desregulación, regulación y autorregulación; el problema suele ser más complicado de lo que se percibe superficialmente.

Nos interesa abordar el problema regulatorio a los fines de plantear con más coherencia y lógica nuestras ideas con respecto al porvenir regulatorio del mercado de valores de la República Dominicana.

El problema de la regulación versus la desregulación es muy complejo. Tiene una diversidad de aristas y elementos a considerar y múltiples implicaciones que van a obedecer al mercado que se analice y a la industria de que se ocupe el análisis. Según veremos cuando analicemos las experiencias en otros países, los procesos desregulatorios han tenido resultados mixtos en sentido general. La forma, el sector, el momento, la sociedad y la etapa que experimente cada industria y mercado en particular pueden determinar marcadas diferencias.

El auge del movimiento desregulador comenzó en los años 70's principalmente con las investigaciones y estudios realizados en la Universidad de Chicago. Entre los más importantes exponentes del movimiento se encuentran Friedrich Hayek[7], Milton Friedman[8] y Alfred Kahn (Cornell)[9]

La teoría es que el proceso de desregulación aumenta la competencia y la productividad, haciendo que los mercados se eficienticen y los precios bajen de forma generalizada. Esto no siempre sucede, debido a una serie de factores bastante complejos. Un buen

---

[7] Premio Nóbel de economía 1974.
[8] Premio Nóbel de economía 1976.
[9] Asesor de Jimmy Carter en el proceso desregulador de los años 1970's.

ejemplo de lo anterior lo constituye el proceso desregulatorio en el sector de ahorros y prestamos en los Estados Unidos, que resultó un desastre.

Alfred E. Kahn, gurú internacional de la regulación y autor de un libro de texto de regulación y desregulación que se considera "must read"[10] en esta materia[11], además del responsable y supervisor del proceso de desregulación de la industria aeronáutica bajo el gobierno de Jimmy Carter[12], planteó que no siempre los procesos de desregulación son apropiados o indicados. En una ocasión dió la siguiente declaración: "...la desregulación de las

---

[10] Expresión idiomática que significa que el material al que se refiere el texto aludido debe ser conocido por todos los estudiosos del área.

[11] "The economics of regulation. Principles and institutions".

[12] Uno de los procesos desregulatorios considerados más exitosos en los Estados Unidos.

telecomunicaciones ha sido un gran ejemplo de cómo no se debe desregular un mercado..." es decir, el punto no está en la desregulación misma, sino más bien en la forma en que se realice esta.

Otra propuesta interesante es la que algunos autores observan, de una regulación centralizada, o más bien una "autorregulación centralizada". La corriente en los mercados de valores de Estados Unidos, por ejemplo, se mueve hacia órganos autoregulatorios y hacia la integración y fusión de órganos regulatorios en los diversos mercados de valores como lo son NYSE[13] y NASDAQ.

Parte de la presión que genera esta corriente es el surgimiento en los

---

[13] Bolsa de valores de Nueva York (Por sus siglas en ingles "New York Stock Exchange")

Estados Unidos de instrumentos innovadores de transacción como "Island" y "Archipelago" [14] que reducen los costos al eliminar a los intermediarios.

Los órganos autoregulatorios comunes no sólo contribuyen a aumentar la eficiencia sino también a reducir los costos. El fenómeno de regulación centralizada también se ha observado en los mercados de negociación de opciones de acciones en los Estados Unidos. El hecho de que los mercados de opciones Pacific, Philadelphia, American y Chicago ya estén negociando sus respectivas opciones se ha visto como una tendencia hacia la integración.

---

[14] La fusión entre la Bolsa de Valores de Nueva York (NYSE) y Archipelago se finalizó en Abril del 2006.

Por regla general se ha estimado que la regulación se justifica siempre y cuando el costo de la regulación no excede el beneficio social que la misma persigue. Este es un tema particularmente sensitivo en virtud de que el avance tecnológico de los mercados, y especialmente el de los mercados financieros, hace que el costo de la regulación sea muy alto.

Algunos defienden la regulación fuerte en el entendido de que es necesaria para proteger la confianza en los mercados proveyendo más información y seguridad para los inversionistas. Según otros, el mercado de valores de los Estados Unidos, usado comúnmente como parámetro, basa su desarrollo en las iniciativas regulatorias, especialmente las leyes de 1933 y 1934 que surgieron luego de la caída de los mercados del 1929 y que si algunos arguyen falta de confianza en este momento no es la sobre-regulación sino más bien la falta de más regulación y de adecuación a los momentos actuales.

Autores como Steven Pearlstein[15] abordan el problema de la regulación desde otra óptica. Pearlstein afirma que el éxito radica en encontrar el equilibrio y que el mercado de valores de los Estados Unidos ha tenido el éxito que ha tenido precisamente porque esa nación ha hallado el equilibrio apropiado entre la regulación y la desregulación. Plantea

---

[15] PEARLSTEIN, Steven. "Regulation Vs. Competition: No Winner yet". Washington Post. Sábado 2 de Noviembre de 2002.

que, sin embargo, han surgido dudas a partir de los problemas originados en casos como el de la aplicación de la ley antimonopolios contra compañías como Microsoft.

La desregulación radical, dice Pearlstein, no es tan benéfica como algunos arguyen. En California, por ejemplo, la desregulación en el sector eléctrico ha sido un desastre para los consumidores, los productores, los servicios públicos y para el Estado de California en general. (Recordemos las recientes crisis eléctricas)

Pearlstein refiere un ejemplo de mala experiencia desregulatoria, en los Estados Unidos, en la industria de las telecomunicaciones, en la que la desregulación llevó a la industria a una situación de sobre inversión que provocó una sobrecapacidad y una reducción en los precios tan severa que hasta las compañías grandes confrontaron (y confrontan) problemas para mantenerse a flote.

Pearlstein se expresa en desacuerdo con regulaciones como las leyes antimonopolios en sectores que como el tecnológico, tienden naturalmente al monopolio. Plantea que cuando una compañía tiene una ventaja en principio en un área tecnológica, muchas veces por haber inventado un software o una tecnología específica, la ventaja se convierte en Inmensa una vez se comienza a desarrollar el sector.

Esta ventaja inicial puede haber sido obtenida de manera absolutamente legítima por lo que la compañía que la obtiene no debe ser penalizada por la misma. Mientras más crezca la compañía mayor será su ventaja porque podrá ofertar mejores precios sobre la base de poder dividir los costos entre una base de compradores más amplia (Economía de escala). Este es, sin duda, uno de los mayores problemas confrontados actualmente por los reguladores antimonopolios. Daniel K. Tarullo, también citado por Pearlstein y profesor de la escuela de derecho de la Universidad de Georgetown, entiende que aún cuando las leyes antimonopolios han sido efectivas contra compañías que pretenden un control ilegítimo del mercado lo han sido solo marginalmente cuando se han utilizado contra compañías que han obtenido este control de forma legítima. La regulación de los monopolios nacidos de la competencia legítima se hace bastante difícil y como ejemplo de esto podemos notar el caso Microsoft que tantos dolores de cabeza ha dado. El famoso juez estadounidense Learned Hand dijo una vez "...El competidor exitoso, habiendo sido empujado a competir no debe sufrir repercusiones una vez ha ganado..."[16]

Lawrence J. White, también citado por Pearlstein, economista de la escuela económica Stern de la Universidad de Nueva York plantea el problema regulatorio en los Estados Unidos de la

---

[16] "...That the successful competitor, having been urged to compete, should not be turned upon when he wins..." United States vs. Aluminum Co. Of America (ALCOA) Cita del libro "Whom the gods would destroy or how not to deregulate" de Alfred Kahn.

siguiente manera "...no estamos en la certeza regulatoria de los años 60's pero tampoco estamos en las certezas desregulatorias de los 90's...en este momento todavía no hemos decidido que es lo que vamos a hacer..."

En Gran Bretaña, la experiencia ha sido interesante. Se ha intentado un sistema de regulación centralizada con una autoridad encargada de lidiar con aspectos tan disímiles como la regulación de los bancos mercantiles y la de las compañías de seguros.

Simón Read en su estudio titulado "Competition or regulation?"[17] entiende peligrosa la transición a un sistema tan centralizado "...no puede haber un sistema que se ocupe de actividades tan

---

[17] "Competition or Regulation?". Estudio preparado para el Instituto Adam Smith.

disímiles como los productos de ahorros y de inversión cuando al mismo tiempo se ocupa de planes de inversión enlazados a pólizas de seguros, pensiones personales, fideicomisos y fondos de inversión,...proveyendo soluciones efectivas para todos..." Otros autores como Mariano Carbajales, al referirse a la regulación prudencial, expone idénticas preocupaciones de que se busquen a veces soluciones similares para sectores diferentes que requieren "...diferentes aproximaciones o interpretaciones..."[18]

Read reconoce que el fin y objetivo fundamental de la regulación es la protección de los consumidores, en virtud de que la confianza es el elemento

---
[18] "La regulación del mercado financiero. Hacia la autorregulación del mercado de valores" Carbajales, Mariano. Marcial Pons. 2006.

primordial de los mercados. Al mismo tiempo entiende, no obstante, *que el equilibrio apropiado* es también de suma importancia. En resumen, Read entiende que la protección es necesaria, pues genera la confianza indispensable para que los mercados puedan desarrollarse, pero es importante hallar el equilibrio correcto.

Read también entiende que la mayoría de los productos que compramos de forma general son adquiridos bajo el principio de "caveat emptor"[19] pero que la consideración general es que este principio difícilmente puede aplicarse al caso de los productos financieros en virtud de que no es tan fácil evaluar y comparar productos financieros como lo

---

[19] "El comprador asume el riesgo de lo que compra" o "*Que se proteja el comprador.*"

es hacerlo con otro tipo de productos, por lo que deben existir garantías. Estas garantías tienen el objetivo de proteger no sólo al comprador que tiene el interés de no perder su dinero, sino también al vendedor, que tiene interés de encontrar mercado para su próxima venta.

Se refiere también a algunos aspectos interesantes de la regulación como es el de las funciones y atribuciones de los consultores y agentes financieros. Comienza por abordar un gran mito de la consultoría financiera y es el de que por que un analista financiero recomiende un producto (inversión) esto signifique que ese producto va a generar buenos (o mejores) beneficios que un producto elegido por cuenta propia. Read plantea su oposición a esta creencia a partir de una serie de factores que influyen en los mercados y que el enumera así:

1. "...Las firmas consultoras tienen relación con los dueños o emisores de los productos financieros..." (Cuando no son ellas mismas o compañías afiliadas las que emiten los productos)
2. ...Los agentes de firmas de inversión reciben comisiones por las ventas...
3. ...Determinados productos tienen comisiones más altas que otros...
4. ...Los productos con más altas comisiones generalmente son aquellos que comportan riesgos más altos..."

De estas breves consideraciones es fácil suponer que algunos tipos de productos financieros serán ofrecidos con mayor frecuencia que otros y no necesariamente por las características de seguridad o rendimiento que tengan los mismos.

El análisis es interesante porque no se opone a un sistema regulador, sino que expresa sus temores de que un sistema demasiado poderoso pueda afectar el mercado y de que un sistema con jurisdicción demasiado amplia se torne ineficiente y trate de presentar "soluciones generales" para todas las áreas que regule. Especialmente cuando se dan casos de reguladores excesivamente centralizados.

I.A.-<u>Autores a favor de la desregulación.</u>

Nos parece interesante tratar un poco el tema de la desregulación, a fin de tener una base más completa desde la cual plantear nuestras tesis.

Una de las razones que impulsan el movimiento desregulador es el fenómeno conocido como "la captura" o "el Estado capturado" como ha sido definido por algunos autores que se refieren a un fenómeno más amplio. La captura sucede cuando empresas, corporaciones o entes privados que actúan en sectores regulados permean los entes y órganos reguladores para crear regulación beneficiosa para ellos y en la generalidad de los casos, también legislación adversa a sus competidores o nuevos incursores en el mercado. Este fenómeno ha sido observado aún en mercados en los cuales los órganos reguladores actúan de forma independiente y en países con sistemas institucionales con fuerte tradición reguladora.

En los Estados Unidos se han visto ejemplos dramáticos de "Captura". El caso de la Junta Aeronáutica[20], que protegía al sector aeronáutico de la competencia al dificultar el acceso al sector a otros agentes y el caso de la comisión interestatal de comercio que llego a conocerse como "la mejor amiga del camionero" son dos casos notorios de este fenómeno.

---

[20] La película "The Aviator". Dirigida por Martín Scorsese y protagonizada por Leonardo di Caprio, sobre la vida de Howard Hughes ilustra muy bien este conflicto.

Casos más recientes como el de algunas empresas del sector telecomunicaciones que han introducido e intentado hacer aprobar legislación con el fin de evitar que algunas municipalidades pongan en funcionamiento el "WIFI"[21] nos dan una idea de la gravedad del fenómeno.[22]

Otro punto sumamente importante que se ha ido haciendo cada vez más evidente es el hecho de que los mercados financieros se hacen constantemente más difíciles de regular. Los niveles técnicos requeridos para entender los procesos y las operaciones contables hacen que muchas veces los Estados no tengan la capacidad de contratar los recursos humanos

---

[21] *Wireless Fidelity*" En la práctica se ha usado para "Wireless Internet" o Internet inalámbrico.
[22] Que representaría pérdida de negocio para las grandes corporaciones por la gratuidad que la misma comporta. En el estado de Pennsylvania en los Estados Unidos se presentó recientemente un ejemplo de este tipo de práctica.

necesarios y aún teniendo esos recursos humanos, una supervisión efectiva no está garantizada.

Casos recientes en los Estados Unidos como los de Worldcom y Enron, en los que se contó con la connivencia de Arthur Andersen, la firma auditora, demuestran el punto anterior. En el caso de países en vías de desarrollo los problemas de la captura y la dificultad y complejidad de la supervisión hacen el fenómeno mucho más dramático.

En la cultura anglosajona, la regulación, como filosofía, cuenta con muchos opositores, debido, entre otras cosas, a razones históricas. David Young, en su trabajo, "El Mercado de Valores, Libertad Vs. Regulación"[23] entiende que la

---

[23] "The Case of the Stock Market: Freedom vs. Regulation"

imposición y la intervención de la autoridad gubernamental resultan siempre indeseables. Esta posición quizás se explique en el origen constitucional en los Estados Unidos, del "principio de intervención limitada" del Estado en los asuntos de la sociedad.

En su análisis sobre el problema de la regulación David Young propone que en virtud de que la intervención limitada del gobierno es uno de los principios sobre los cuales se fundan las naciones[24], debe limitarse la intervención del Estado a los asuntos sociales que tienen unos caracteres esenciales y en los cuales la intervención estatal no puede ser dispensada.

---

[24] Evidentemente, Young se refiere de forma principal, al estado Estadounidense.

El análisis de Young establece una serie de condiciones para poder justificar la intervención del Estado por medio de regulación en un sector determinado. A saber:

1. Un fenómeno identificable claramente tiene que haber ocurrido o está por ocurrir que va a causar daños injustos e innecesarios sobre un grupo de individuos.
2. Este fenómeno no puede ser resultado de haber violado una ley y no puede existir una ley que ya se ocupe de este fenómeno.
3. No debe existir una forma poco costosa en el libre mercado que pueda solucionar este problema.

4. Hay un remedio disponible consistente en una medida gubernamental poco costosa.
5. La medida no puede violar disposiciones constitucionales.
6. La carga de la prueba (en este contexto refiriéndose a la defensa de la regulación específica que se propone) debe recaer sobre los que abogan y defienden la misma.

Young en cierto modo plantea estas reglas como la excepción, en virtud de que su visión es la oposición a la regulación. Estas condiciones son propuestas para casos que el mismo entiende excepcionales.

Algunos autores, como Harry Browne, director de políticas publicas de la American Liberty Foundation, son aún más radicales en su defensa de la desregulación. Brown analiza algunos aspectos que a su entender inclinan la balanza a favor del libre mercado en su articulo "Free market predators Vs. well-meaning reformers"[25]. En este ensayo se presenta el caso del sector telecomunicaciones en los Estados Unidos desde la perspectiva siguiente "...El caos y la competencia feroz y desregulada en el campo tecnológico han significado que ahora puede comprarse una computadora por 1500 dólares 50 veces más rápida y más poderosa que una por la que se pagaba 8000 dólares hace un poco más de una década, Puede

---

[25] "Depredadores de libre mercado Vs. Reformadores bien intencionados"

comprarse espacio de disco duro por alrededor de un 1% de lo que costaba hace una década[26]...Puede hacerse la conexión a Internet y acceder a cientos de sitios de Internet y sin pagar el cargo excesivamente caro minuto por minuto que anteriormente se pagaba..."

Harry Brown presenta el caso del sector salud en la que la regulación ha llevado a costos más elevados, Medicaid y Medicare ineficientes, servicios más difíciles de acceder para los usuarios y recetas inaccesibles. Plantea que el mismo caso se ha dado en materia de educación en la que las aulas están atestadas, los profesores abrumados, los edificios cayéndose a pedazos, etc.[27]. El autor propone dejar la salud pública y la

---

[26] En parte debido a los aportes de los profesores Albert Fert y Peter Grünberg, ganadores del premio Nóbel de física en este año.
[27] Es interesante que haya sido definido en esos mismos términos por Al Gore en su campaña en el 1999.

educación al libre mercado y dejar que la competencia lo temple y desarrolle. Resulta interesante el hecho de que este autor propone la desregulación para sectores como el de salud y educación pues no es una propuesta habitual.

Luego de haber cubierto algunos puntos interesantes en cuanto a los principios de quienes defienden la desregulación es oportuno considerar algunos aspectos de las propuestas opuestas.

I.B.-Autores a favor de la regulación. Propuestas pro-regulación.

Uno de los trabajos que más nos impactó es el del profesor Robert Prentice, considerado una autoridad en materia de regulación en los Estados Unidos[28]. En su ensayo "Whiter securities regulation?[29] Some behavioral observations regarding proposals for its future" el profesor Prentice considera una serie de elementos sumamente interesantes. Prentice afirma "...es excesivamente optimista pensar que en un mercado de valores desregulado los emisores van a revelar de manera voluntaria los niveles óptimos de información, o que las bolsas y accionistas van a considerar

---

[28] Profesor emérito de la facultad de derecho de la Universidad de Texas en Austin.
[29] Una traducción cercana al sentido original seria "¿Una regulación más transparente de los valores? Algunas observaciones con respecto a propuestas para el futuro".

apropiadamente los derechos de los inversionistas o que los inversionistas contraten personalmente los niveles de acceso a la información y protección contra el fraude que desean de manera eficiente..."[30]

El profesor Prentice plantea la encrucijada en que se encuentra la regulación del mercado de valores en los Estados Unidos, luego de años de una comisión de valores (SEC) orientada a la protección del usuario. El congreso, según plantea, bajo el influjo de diversas presiones, comienza a analizar la posibilidad de una revisión profunda de las leyes federales de los mercados de valores.

---

[30] Traducción libre del autor (AFC) La cita original dice "...that in a deregulated securities world it is exceedingly optimistic to expect issuers voluntarily to disclose optimal levels of information, securities intermediaries such as stock exchanges and stockbrokers to appropriately consider the interests of investors, or investors to be able to bargain efficiently for fraud protection..."

El problema para Prentice, es que a pesar de que los mercados han funcionado de manera relativamente eficiente la mayoría de los académicos apoyan la desregulación. Para justificar esta aseveración el profesor Prentice cita a los catedráticos Paul Mahoney[31] y Adam Pritchard.[32] Cita también a otros como la profesora Roberta Romano[33] que propone la eliminación del sistema de regulación federal a favor de un sistema de regulación estatal que crearía una competencia entre Estados.

Por otro lado, analiza la propuesta del Profesor Stephen Choi[34] y se concentra en ella porque esta no ha podido ser seriamente debatida y atacada. ¿La

---

[31] Paul G. Mahoney. De la obra "*The Exchange as Regulator*"
[32] A.C. Pritchard. De la obra "*Markets as Monitors: A Proposal to Replace Class Actions with Exchanges as Securities Fraud Enforcers*"
[33] De la Universidad de Yale. De la obra "*Empowering Investors: A Market Approach to Securities Regulation*"
[34] De la obra "*Regulating Investors Not Issuers: A Market-Based Proposal*"

propuesta de Choi?: regular a los inversionistas y no a los emisores.

El profesor Prentice se muestra preocupado por un elemento común en las modificaciones regulatorias, el elemento emocional. Este es un punto particularmente interesante para nuestro estudio porque tratamos este tema más adelante en lo relativo al factor psicológico en los mercados de valores.

Según entiende Prentice, el clamor de modificación, ignora un creciente cúmulo de información empírica que apunta al hecho de que el sistema de regulación norteamericano actual es el sistema optimo para manejar los mercados de capitales. Entre otras cosas porque entiende que la capacidad real de los inversionistas de protegerse del fraude es pírrica.

Lo que el Profesor Choi propone es un sistema de regulación de los inversionistas dividiéndolos en categorías según el conocimiento de mercado que tengan y el acceso a la información y dominio de la misma que le permita protegerse por si mismo, en categorías A, B, C y D.

Lo interesante de la propuesta del profesor Choi es que según esta propuesta la mayor parte de las prácticas como transferir información, realizar transacciones con información privilegiada ("Insider trading"), manipular, ocultar información, mentir de plano y otras formas de fraude (Según la regulación actual) serían perfectamente legales.[35]

Las categorías propuestas determinarían el nivel de acceso al mercado que tendrían los actores e inversionistas. Los que caigan en las categorías D y C tendrían posibilidades de inversión muy limitadas. Solo podrían invertir en productos financieros muy seguros. A mejor nota, mayor libertad de invertir...y mayor riesgo.

La teoría de Choi, analizada por el profesor Prentice, se basa en una serie de presunciones:

1. **Los mercados de valores son naturalmente eficientes.** Prentice considera que esto es solo parcialmente

---

[35] Ya otros autores han propuesto la despenalización del manejo de información privilegiada como Henry Manne en su libro *"Insider Trading and the Stock Market"*

cierto. Una de las razones es que el elemento emocional que en la inversión con frecuencia tiene un gran peso; y tiene poco de racional.[36]

2. **Los emisores revelaran la mayor cantidad de información porque eso racionalmente les conviene y evitaran actuaciones negligentes y fraudulentas.** Esto, como plantea el profesor Prentice y como es evidente por los acontecimientos de los últimos años, es negado por una cantidad importante de información empírica. Además, antes de que estuvieran obligadas a hacerlo, no lo hacían.

3. **La racionalidad de los actores.** El profesor Choi se basa en la racionalidad de los participantes en los mercados. Los

---

[36] Puede citarse un estudio realizado por el profesor Richard Thaler y otros colegas, según el cual en los mercados se presentan una serie de "anomalías" inconsistentes con la teoría de los mercados eficientes, por ejemplo, el buen clima se traduce en un buen estado de ánimo y en mayores volúmenes de inversión en la bolsa. Algo completamente irracional.

individuos, según estudios recientes de los profesores Jennifer Arlen, Matthew Spitzer y Eric Talley[37], actúan en formas que se salen de lo racional, y con frecuencia lo hacen de forma sistemática (!). En cuanto a las organizaciones hay un gran abismo entre la forma en que se presume que las organizaciones actúan y como realmente actúan. Lo primero es que en las organizaciones quienes toman decisiones son los individuos.

4. **Las organizaciones no maquillarán sus estados financieros porque no les conviene hacerlo. El mercado los castigaría.** La experiencia ha demostrado que esto no es así. De hecho los profesores Irving y Loren Kellogg

---

[37] "*Is it rational to assume consumer rationality? Some consumer psychological perspectives on rational choice theory*" JACOBY, Jacob.

encontraron en un estudio realizado 13 razones por las que las organizaciones tienen interés de maquillar sus estados.

5. **Los gerentes preferirán mayores grados de información.** No es cierto en virtud de que esto reduce sus poderes discrecionales y es humano tratar de mantener y acumular poder.

6. **Las compañías no tendrán empleados que realicen fraudes y si los encuentran entre sus filas los sacaran.** Estudios han demostrado que eso no es cierto. Las compañías no solo no los despiden sino que los protegen para poder contar con ellos como testigos a descargo en caso de demandas.

7. **Los consumidores buscaran y compraran los mejores productos.** Lo cual tampoco es cierto porque la mayoría de los compradores terminan con los

productos que los agentes quieren venderles. Generalmente aquellos que generan mayores comisiones para la compañía, lo que no los hace de ningún modo mejores para el usuario.

8. **Las compañías no mentirán a sus auditores.** Un gran ejemplo de que esto no es cierto es el caso de Ivar Krueger, tristemente célebre por su juego "Ponzi" que ocurrió durante de la crisis de 1929.

9. **La NYSE, NASD y otros mantendrán el control y cuando sea necesario sancionarían a sus usuarios.** Experiencias recientes mostraron que ninguna de las dos persiguieron casos de fraude por agentes en el piso. Si la NYSE[38] tiene un buen récord es porque el SEC[39] ha estado detrás de ella. Sin la

---

[38] New York Stock Exchange. (Bolsa de valores de Nueva York)
[39] Securities Exchange Comission (Comisión de Valores)

amenaza de la SEC no hay un real incentivo para hacer este tipo de persecuciones (Que, además, afectan la imagen y las transacciones)

El profesor Prentice también analiza una serie de factores problemáticos en la teoría del profesor Choi. Como son:

El profesor Choi estima que los usuarios serán capaces de comprar productos más seguros pagando más por ellos y que serán capaces de contratar en igualdad de condiciones. Esto más que nada provocaría, a juicio de Prentice, confusión en los usuarios que de todas formas acabarían firmando contratos de adhesión y tomando los productos más baratos y menos seguros.

Un detalle que confirma lo expuesto por el profesor Prentice es que aún cuando la SEC hace disponible a los usuarios actuales inmensas cantidades de información estos aún compran en gran medida por razones emocionales. Esto porque la gente es "intencionalmente racional, pero solo limitadamente racional"[40] son muy pocos los compradores que realmente leen todas las informaciones pertinentes disponibles sobre una empresa antes de invertir en ella.

En fin, la regulación de los inversionistas, en vez de los agentes del sistema, tiene algunos inconvenientes, según entiende Prentice, a saber:

---

[40] Herbert A. Simon, Administrative Behavior XXIV (2d ed. 1957). Cita de Prentice.

I. Reduce la eficiencia de los mercados de valores. El mercado de valores de los Estados Unidos es el que se considera el modelo a seguir en su estado de regulación actual. Evidencia empírica parece señalar que "más es mejor" (por lo menos hasta cierto punto) en el sentido de que la confianza que genera la regulación estimula la inversión.

II. Hay evidencia de que los países con mejores protecciones para los inversionistas, en función de cumplimiento de la ley y la calidad del gobierno para hacer cumplir la ley, son los que tienen mercados de valores más valiosos, mayor número de instrumentos de inversión per cápita y mayor índice de oferta inicial en la salida a bolsa. Esto se contrapone a los países con sistemas regulatorios pobres en los cuales se da lo contrario.[41] Ejemplo de esto es el mercado de valores Polaco que siguiendo el modelo estadounidense de estricto cumplimiento de las leyes de los mercados de valores ha tenido resultados muy favorables mientras que su vecina República Checa instauró un sistema de libre mercado y no-intervención que casi llevo ese mercado al colapso.

III. Se ha demostrado que los mercados de valores con leyes más débiles de persecución del manejo abusivo de información privilegiada ("Insider trading") son los que tienen mercados menos líquidos, mientras que los que tienen sistemas más exigentes en este sentido gozan de mayor liquidez.

---

[41] Cita de Prentice. Los estudios realizados por los profesores Rafael La Porta, Florencia López de Silanes y Robert Vishny lo han indicado. *"Legal Determinants of External Finance";" The Quality of Government"*

IV. Se ha demostrado que la contratación privada de protecciones y la regulación privada es insuficiente.[42] De hecho hay una cercana correlación entre el nivel de capitalización de los mercados y su sistema legal.[43]

V. La confianza que se ve en el mercado de valores de los Estados Unidos es muy poco común y no parece verse en los mercados desregulados.[44] El sistema de sanciones contribuye a la confianza.

VI. El hacer el fraude más aceptable lo estimula.

VII. Según los ejemplos presentados por Rusia y Japón la desregulación da pie a la entrada del crimen organizado a los mercados. El poner al inversionista en

---

[42] Cita de Prentice. Según el articulo del profesor Rafael La Porta *"Investor Protection and Corporate Governance" (2000)* publicado en el *"Duke Law Journal"*
[43] Cita de Prentice. John C. Coffee, *"Privatization and Corporate Governance: The Lessons from Securities Market Failure"*
[44] Cita de Prentice. Bernard S. Black, *"Information Asymmetry, the Internet, and Securities Offerings"*

situación de indefensión frente al mercado abre las puertas para que las corporaciones que dominan el mercado hagan uso de las mafias para tener aún mayor control. Esto ha sido demostrado por un estudio de los profesores Curtis Milhaupt y Mark West.[45]

El profesor termina su estudio recordando que en 1998 LTCM (Long Term Capital Management) perdió cuatro mil millones de dólares (US$ 4, 000,000, 000.00) dando un fuerte golpe al mercado y obligando a un salvamento que requirió de tres mil cuatrocientos millones de dólares (US$ 3,400,000,000) para evitar el colapso del sistema

---

[45] Cita de Prentice. Mark D. West, "*Information, Institutions, and Extortion in Japan and the United States: Making Sense of Sokaiya Racketeers*"; "*The Dark Side of Private Ordering: An Institutional and Empirical Analysis of Organized Crime*"

financiero americano en su conjunto[46]. Esto se dio a pesar de que LTCM estaba compuesta en su dirección por premios Nóbel en economía y algunos de los más respetados inversionistas del mercado. El mayor error que cometieron fue subestimar un detalle en el análisis: El factor humano irracional.[47]

No suscribimos las opiniones del profesor Prentice en su totalidad pero entendemos que su razonamiento es impecable y gran parte de sus planteamientos innegables.

---

[46] Cualquier similitud con un caso particular de la República Dominicana es pura coincidencia (Deja' vu)
[47] Cita de Prentice. Nicholas Dunbar *"Inventing Money: The story of Long Term Capital Management and the legends behind it"* (2000)

II.-Experiencias regulatorias en otros países.

Es interesante considerar las experiencias regulatorias en otros países, a fin de tener una idea más global y terminada de la complejidad del problema y de la diversidad de resultados ante fórmulas similares. Particularmente interesante para el desarrollo de esta tesis: El caso de los Estados Unidos de América, que teniendo el mercado de valores más dinámico, puede mostrar una gama más amplia y las tendencias pueden ser observadas de forma más clara.

II.A.-Estados Unidos de América.

Estados Unidos es el país con mayor experiencia de mercados de valores y con los mercados de valores y bolsas de productos más activas y de mayores niveles de capitalización. La bolsa de valores de Nueva York y las bolsas de productos y materias primas de Chicago son referentes obligados para el resto del mundo.

Bolsa de valores de Nueva York (NYSE)
Fuente: NYSE.

En los Estados Unidos la NASD (Asociación Nacional de Agentes de Valores[48]) es la agencia autorreguladora

---

[48] National Association of Securities Dealers.

más grande del país. La mayor parte de las firmas de agentes están obligadas legalmente a pertenecer a la misma.

La NASD mantiene un registro de las violaciones a las regulaciones que cada firma miembro comete. Esto sirve para que los inversionistas puedan tomar decisiones informadas y es una garantía de buen gobierno corporativo al proveer transparencia a los mercados.

La NASD también monitorea la publicidad de las agencias para asegurarse de que no se den casos de publicidad engañosa. Interviene asimismo como árbitro en los conflictos que se generan en esta industria.

Para analizar las experiencias regulatorias de la bolsa de valores hemos recurrido al estudio de David Young, a quien citamos anteriormente. Es un análisis del famoso "Jueves Negro" en el mercado de valores de los Estados Unidos, en el que el mercado colapsó.

Se pensó de manera generalizada que el abuso del mercado de valores así como la falta de información financiera de las corporaciones fueron las causas el desastre.

Otros autores ahora consideran que se ignoraron otros factores que quizá tuvieron mucho más peso que estos alegados abusos. Entre estos factores se citan las desastrosas políticas monetarias del banco de la reserva federal y las medidas proteccionistas como la "Smoot-Hawley Tariff"[49].

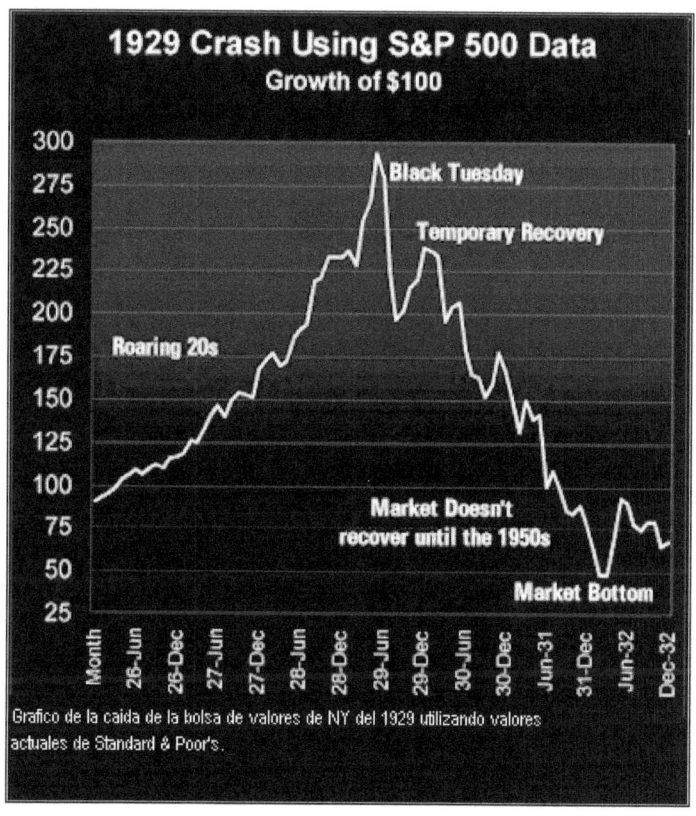

(Fuente: Coolinvesting)

---

[49] Cuyo objetivo era la protección de los granjeros por medio un incremento histórico de los impuestos (Específicamente aranceles) poco antes de la debacle.

Según relata Young, el "Pecora Committe"[50] nombrado por el presidente Roosevelt poco después de ser electo, encontró una serie de presuntas irregularidades y abusos. Estas revelaciones causaron furor público y provocaron una presión inmensa para tomar medidas concretas. Es de ahí que nacen las leyes regulatorias más importantes, las leyes de valores del 1933 y 1934 que establecieron las obligaciones de registro y la revelación de informaciones de manera regular.[51]

El autor, expone que estas regulaciones surgieron sobre la base de presunciones difícilmente justificadas y poco probadas.

---

[50] El nombre de esta comisión viene dada por el senador Ferdinand Pecora, que la presidió.
[51] La presión del público es muchas veces más importante que muchos otros factores en las decisiones regulatorias.

Young sostiene que a pesar de todo este furor y la certeza de que la falta de regulación era el problema fundamental la verdad es que no se realizaron estudios de campo sino que la mayor parte de la información que sé tenia era anecdótica. Un ejemplo de esto es que se dijo que muchas compañías sobrevaluaban sus activos y acciones cuando la realidad es que según un estudio reciente existen pruebas que eso no era cierto.[52] El furor público del momento impidió ver los hechos. En verdad, según el mismo estudio, la realidad es que las compañías más frecuentemente subvaluaban que sobrevaluaban sus activos.

---

[52] Obra citada por el autor. G. D. Dillon, "*Corporate Asset Revaluations*": 1925-1934,' the Accounting Historians Journal, spring 1979, pp. 1-15.

Young entiende que aún sin la regulación, las compañías están obligadas a revelar la información necesaria por las reglas auto impuestas por los mercados de valores.[53] Los estudios citados por Young son sumamente interesantes.

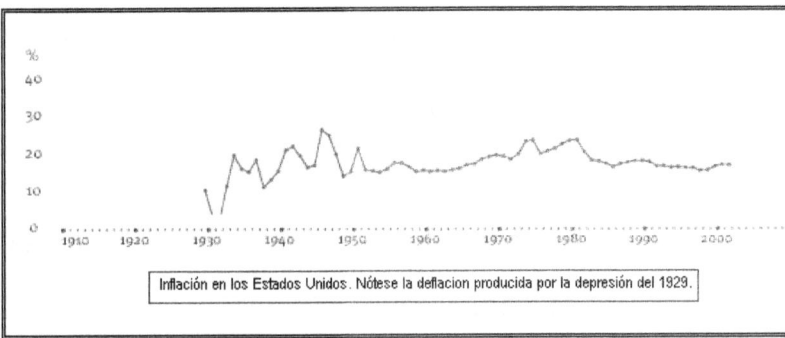

Fuente: www.marketoracle.co.uk

---

[53] Disposiciones autoregulatorias de los mercados de valores (bolsas)

Algunas de las medidas desregulatorias más importantes tomadas en los Estados Unidos son[54]:

1. 1968. La Suprema Corte de Justicia permite que equipos que no son de AT&T sean conectados al sistema de AT&T (Decisión Carterfone)
2. 1969. La Comisión Federal de Comunicaciones (FCC) permite que MCI conecte sus sistemas de larga distancia a los sistemas locales de telefonía.
3. 1970. La Reserva Federal levanta los límites a tasas de intereses en depósitos bancarios de más de US $ 100,000 con vencimientos a menos de seis meses.
4. 1974. El departamento de Justicia entabla una demanda antimonopolios contra AT&T.

---
[54] RACHMAN, David; MESCON, Michael H. *"Business Today"*

5. 1975. La Comisión de Valores (SEC) evita que los agentes de bolsa cobren comisiones fijas.
6. 1977. La firma de asesoría financiera Merrill Lynch recibe autorización para competir más directamente con los bancos comerciales.
7. 1978. El congreso elimina las regulaciones de la industria aeronáutica.
8. 1979. La FCC autoriza a AT&T a vender servicios no regulados como procesamiento de datos.
9. 1980. El congreso desregula el transporte pesado y la industria ferrocarriles.
10. 1981. Sears Roebuck recibe autorización para ofrecer servicios financieros, seguros, agente de valores y banca simultáneamente.
11. 1982. El Congreso desregula los servicios de autobuses entre ciudades.

12. 1984. AT&T es desmembrada, dejando a las compañías locales con operaciones separadas de las compañías de larga distancia.

En la década de los 1990's, siguiendo la tendencia ya mencionada, en los Estados Unidos surgen una serie de leyes para proteger a los mercados y a las corporaciones, mientras que luego de los procesos de fraudes y escándalos de principio de esta década[55] se originan leyes que regulan a estas mismas corporaciones y que protegen al consumidor.

---

[55] 2000-2010.

La ley de reducción de documentación regulatoria y crecimiento económico[56] del 1996 requería que el consejo federal para instituciones financieras se reuniera cada 10 años para identificar cualquier regulación innecesaria, obsoleta o demasiado molestosa para las instituciones receptoras de depósitos.

La ley de litigación de valores de 1998[57] redujo la gama de demandas colectivas ("Class action suits") a que podía someterse al sector, por la creencia de que excesivas demandas basadas en fraudes podían afectar a la economía como un todo.

---

[56] "*The Economic Growth and Regulatory Paperwork Reduction Act of 1996*" (Conocido también como EGRPRA)
[57] "The Securities Litigation Uniform Standards Act of 1998" (Conocido también como SLUSA)

Piso de negociaciones en la bolsa de valores de Nueva York. (Fuente: NYSE)

La Gramm-Leach-Bliley[58] del 1999 también conocida como la ley de "modernización de servicios financieros", facilito que las compañías que ofrecen servicios financieros pudieran ofrecer una gama más amplia de servicios para así poder beneficiarse de las inversiones

---

[58] "Gramm-Leach-Bliley Act"

del público en todas las tendencias del mercado (cuando el mercado está a la baja el público tiende a invertir en cuentas de ahorros mientras que cuando está subiendo el público tiende a invertir en la bolsa)

La Sarbanes-Oxley de 2002, en cambio, surge luego de una baja en la confianza pública en los mercados a partir de los procesos fraudulentos de Enron, Tyco International, y WorldCom[59]. Como el problema radicó en la falta de confianza hacia las firmas contables, es precisamente hacia esta área hacia la que se dirigió la regulación que trajo la ley Sarbanes-Oxley. Se crea por medio de esta ley la junta de supervisión de

---

[59] Que ahora es "MCI".

compañías publicas de contabilidad[60] (CPA's)

Podemos ver aquí una tendencia evidente y de carácter universal y es que los procesos de fraudes y escándalos generan una regulación más estricta mientras que los procesos de desarrollo generan flexibilización.

---

[60] En inglés: "The Public Company Accounting Oversight Board"

II.B.-Canadá.

En Canadá diversas agencias reguladoras regionales se encargan de la regulación de los mercados de valores. Los mercados son regulados por 13 agencias provinciales y territoriales. La más grande de estas es la Comisión de Valores de Ontario[61]. Otras agencias grandes son las de Columbia Británica[62] y la de la Alberta[63]. También podemos mencionar la de Québec[64].

---

[61] En inglés: "Ontario Securities Commission"
[62] En inglés: "British Columbia"
[63] En inglés: "Alberta securities commission"
[64] En francés: "Autorité des marchés financiers"

Sede del gobierno Canadiense (Fuente www.freefoto.com/i)

Canadá cuenta con tres organismos autorreguladores. La IDA (Investment Dealers Association) La MFDA (Mutual Fund Dealers Association) y la RS (Market Regulation Services, Inc.)

Canadá ha tenido una serie de experiencias con la desregulación, pero hemos elegido el proceso de desregulación del sector energético en Alberta porque ya existe un estudio preparado por Tabors Caramanis & Associates que nos ha parecido bastante amplio e interesante en cuanto a la experiencia regulatoria.

El estudio analiza el mercado reestructurado de Alberta desde la desregulación de la venta de energía al por mayor.

Según los autores, el mercado de Alberta, previo al proceso de desregulación, se encontraba en una situación de gran sub-inversión y la desregulación atrajo la inversión necesaria para proveer el ajuste en la producción que en un sistema regulado habría producido mayor incremento en los costos sin proyección de reducirse de nuevo. La inversión requerida habría generado mayores costos y tarifas de todas formas.

Entienden que en el análisis de los mercados tras un proceso de desregulación no puede compararse el precio anterior al proceso con el resultante después del proceso pues esto es contraproducente y los resultados arrojados son poco confiables. Según los autores, la comparación debe ser hecha entre los precios obtenidos luego del proceso y los que se habrían obtenido de no realizarse el proceso.

Según el estudio las nuevas inversiones permitieron al mercado obtener tecnología más avanzada y aumentar la eficiencia del sistema por lo que se pudo contrarrestar en gran medida el aumento de los combustibles en los mercados internacionales. Al obtener plantas más eficientes con un "heat rate"[65] más bajo, se garantizó menos consumo de combustible.

Otros factores benéficos han sido más eficiencia en el sistema (mayor confiabilidad del sistema), cambio del riesgo de inversión de los consumidores a los inversionistas.

Según entienden los autores del estudio el proceso ayudo a resolver problemas que se habían acumulado por largos años

---

[65] Tasa básica de productividad por unidad de calor. El "Heat Rate" determina el grado de eficiencia de una planta eléctrica. A menor grado de "Heat rate" más eficiencia y, por tanto, menos consumo de combustible o mayor rendimiento con la misma cantidad de combustible.

como el de falta de inversión en el sistema energético. Según plantean el mercado había contado con inversiones realizadas en las décadas de los 70's y 80's para mantener precios bajos. Los precios se mantenían bajos por una baja inversión nueva, pero se acumulaba un retraso en la inversión y una anulación de la reserva para crecimiento del consumo y para emergencias. La nueva inversión presionó el precio de venta al consumidor pero no tanto como lo habría hecho de estar el mercado regulado. La eficiencia lograda compensó o en parte los aumentos desproporcionados de los combustibles en los últimos años.

El estudio resulta particularmente interesante porque muestra un caso en el que el crecimiento del sector provoco un movimiento hacia la desregulación; uno de los escenarios que discutiremos luego.

II.C.-Inglaterra

La historia de Inglaterra en los mercados de valores es antiquísima y podríamos remitirnos a la edad media, al caso de Sir Thomas Smythe, gobernador de la "EAST INDIA COMPANY", conformada por personajes sumamente ricos y que recibió derechos en los 1500's de parte del Rey de Inglaterra, comerciando en oro, plata y el intercambio de materias primas.

Londres (Fuente: www.freefoto.com/i)

Para esta tesis, sin embargo, resulta más interesante el estudio de los mercados de valores en Gran Bretaña en los últimos años.

En el Reino Unido se ha adoptado un programa de eficientización de la regulación desde el 1997. Se ha desarrollado un programa para simplificar las regulaciones y eliminar las que se puedan eliminar además de la política del "one in one out" o lo que es lo mismo, al crear una nueva regulación se elimina una existente.

En el Reino Unido se presenta el mismo problema que en la mayoría de los países de la Unión Europea y es que al tener organismos reguladores internos (gubernamentales) y externos (Directivas de la Unión Europea) con frecuencia los usuarios se sienten abrumados por legislación excesiva y muchas veces incomprensible al usuario común. Este tipo de problema tiende a limitar el desarrollo de los mercados.

Para el análisis de la experiencia regulatoria en Gran Bretaña me he apoyado en el estudio realizado por Tim Ambler & Keith Boyfield para el Instituto Adam Smith de Inglaterra.[66] "Route Map to Reform Deregulation."[67]

En este estudio los autores analizan el problema de la regulación en el Reino Unido en donde ya los negocios y los individuos empiezan a sentir que las regulaciones son demasiado pesadas y demasiado complicadas. Por otro lado, los políticos están comenzando a entender y a estar de acuerdo en que no solo la regulación es excesiva sino que simplificarla se constituye en un

---

[66] El Instituto Adam Smith goza de gran reputación pues hace algunos años preparó una serie de lineamientos a seguir por el gobierno Británico para el desarrollo. La mayoría de sus propuestas se fueron implementando por el gobierno inglés en los años subsiguientes a la publicación de las mismas.
[67] O mapa de ruta para la reforma desregulatoria (traducción libre de AFC)

problema aún más difícil de solucionar. Evidentemente que para la modificación del marco regulador se requiere un conocimiento profundo del área, lo cual es atípico no solo en los políticos del Gran Bretaña sino en los de todo el mundo.

Los autores citan el tan conocido principio de que "...los gobiernos entienden siempre más fácil agregar regulaciones que eliminarlas o simplificarlas...", sin embargo, entienden, llega el momento en que comienza a haber una conciencia colectiva de que las regulaciones son excesivas. Según explican, en el caso del Reino Unido existen básicamente tres fuentes de regulación, a saber:

1. La comisión europea.
2. El gobierno británico.
3. Las agencias reguladoras del Reino Unido.

El estudio hace las siguientes propuestas para la solución de este problema:

1. Menos regulaciones nuevas.
2. Reducir las regulaciones existentes.
3. Regimenes de inspección y cumplimiento más razonables.

Una idea que proponen es asignar un presupuesto reducido cada año a las agencias reguladoras para nuevas regulaciones. Es decir, que las agencias reguladoras solo puedan crear un número máximo de regulaciones cada año e ir reduciendo esa capacidad año por año.

Otro problema, según ven los autores, es que la Unión Europea se ha ido convirtiendo en la fuente principal de nuevas regulaciones, y sobre ella el control es limitado para el Reino Unido. El hecho de la existencia del mercado común europeo solo augura más regulaciones. El problema radica no precisamente en la cantidad de regulación proveniente de Bruselas, sino más bien en el hecho de que sobre muchos aspectos hay más de una agencia regulando, por lo que resulta la "duplicidad de regulaciones".

Uno de los elementos más interesantes de este artículo es la mención y análisis del "Nacional Audit Office" del Reino Unido cuyo objetivo primordial es el análisis de las regulaciones que se imponen y el establecimiento, por medio de estudios de campo, de la relación costo/beneficios de las mismas. Los autores de este estudio proponen algo parecido para limitar la cantidad inmensa de regulación proveniente de la Unión Europea, estimada en 16,000 páginas de normativas.

Es evidente que el caso de Gran Bretaña es más bien de sobre-regulación. Un caso que ilustra fácilmente lo considerable de este problema es que no solo son los comerciantes los que se sienten incapaces de entender las regulaciones en su totalidad, sino que es prácticamente imposible para los inspectores encargados de hacerlas cumplir, explicarlas.

Los autores proponen también la creación de cláusulas de eliminación de regulaciones redundantes y la premiación a las agencias reguladoras que reduzcan o simplifiquen las regulaciones existentes.

Resulta sumamente ingeniosa la regla para determinar cuándo la cantidad de regulación es excesiva. Si un inspector no puede explicar claramente las regulaciones de un área específica entonces las regulaciones son demasiado complicadas.

Entre las desventajas de la sobre-regulación citan la depresión de las ganancias corporativas, el consumo de tiempo administrativo valioso, el daño a la moral empresarial y la disminución del atractivo para la inversión extranjera; según prueban diversos estudios académicos como los realizados por Tim Ambler de la Escuela de Negocios de Londres y el realizado por Francis Chittendem de la Escuela de Negocios de Manchester.

Bolsa de valores de Londres (Fuente: www.londonstockexchange.com)

Citan a Peter Mandelson (comisionado de comercio de la Unión Europea) quien en uno de sus primeros discursos dijo que la "...Unión Europea necesita menos regulación, pero más efectiva regulación..."

Entienden que afortunadamente este problema de sobre-regulación comienza a ser comprendido por los países de la Unión Europea. Una prueba de esto es la iniciativa de las cuatro presidencias[68], que ahora puede llamarse de las seis presidencias, pues se han unido a la propuesta Austria y Finlandia. Esta iniciativa tiene el objeto de simplificar las regulaciones y legislar más eficientemente.

Plantean, como es de común conocimiento, que en la Unión Europea

---

[68] Gran Bretaña, Luxemburgo, Holanda e Irlanda, que siguen en la lista para la presidencia en los períodos próximos.

una de las áreas que más regulaciones tiene es la de medio ambiente, pesticidas, etc. Las regulaciones son tan excesivas que se hacen difíciles de cumplir. Quizás por eso los autores de este estudio entienden que a veces se pierde de vista que "la regulación no es el fin, el objetivo es que el comercio florezca de manera competitiva sin dañar la salud, la seguridad pública o la sociedad".

Otro elemento interesante de este estudio es el análisis que hace de la Orden Ejecutiva[69] 12886 del Presidente Clinton de 1994 que obliga a que los beneficios de una regulación excedan los costos. Por lo que un análisis de la

---

[69] (O decreto en nuestra terminología legal)

relación costo/beneficio debe ser realizado para cada nueva regulación que entre en vigencia. Estas son funciones similares a las que ejerce el "Nacional Audit Office" en Gran Bretaña.

Un elemento "valioso" que los autores resaltan es que uno de los grandes incentivos para la desregulación es el ahorro que representa, para los negocios y para el gobierno. Citan los autores la propuesta de Roger Douglas de "Un ministro para matar cosas"[70] cuya única función seria encontrar agencias y presupuestos que puedan ser eliminados o radicalmente reducidos.

---

[70] "Minister for Killing things" en el original en inglés.

Algo que parece sumamente interesante es una de las aseveraciones finales de este estudio y es que "...a pesar de que la regulación varía alrededor del mundo, *el aumento de regulación tiene malos resultados*, mientras que la propiedad bien definida y protegida aumenta la prosperidad. Los países ricos regulan el comercio de forma consistente, los países pobres no..."

II.D.-Malasia.

El caso de Malasia se plantea como uno de los más interesantes porque allí se ha dado uno de los llamados milagros económicos de las últimas décadas. Nos referiremos a lo que se ha descrito como "el eclipse de Malasia".

Malasia experimentó con el proceso de desregulación de los mercados y para el mundo se convirtió en un ejemplo de que la desregulación no siempre funciona y como puede, de hecho, generar crisis profundas.

Las torres Petronas, símbolo del desarrollo económico de Malasia. (Fuente: www.trekearth.com)

Sin embargo, en la generalidad de los casos, los procesos son más complicados de lo que puede verse (Y analizarse) en principio. John Millar en su ensayo "Malaysia and the Myth of self-regulating markets"[71] considera más a profundidad el caso Malasio.

---

[71] " En español Malasia y el mito de los mercados autorregulados"

Millar plantea que la crisis del 1997-1998 en Malasia había seguido a un período de desregulación y liberalización generalizada y es quizás esta la razón principal por la que se estimó luego que el proceso de desregulación fue la causa de la crisis.

A pesar de esto, algunos estudios posteriores revelan que al momento de la crisis en Malasia las condiciones macroeconómicas eran relativamente estables.

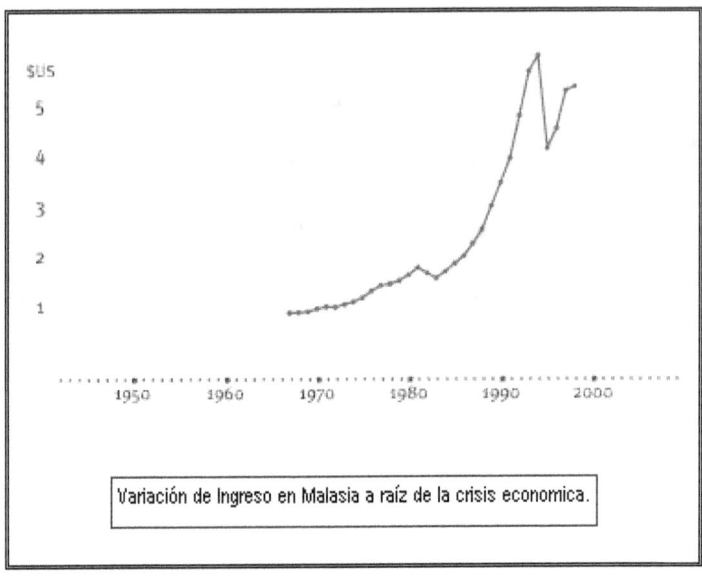

Variación de Ingreso en Malasia a raíz de la crisis economica.

Fuente: www.marketoracle.co.uk

Entre los factores económicos que dichos estudios han considerado están los de un rápido crecimiento económico, una tasa de inflación relativamente baja y disciplina fiscal. Lo que se plantea ahora como posible causa alternativa está definido por algunas actuaciones del gobierno y de la administración financiera, así como el déficit de las cuentas corrientes agravado por el hecho de que el gobierno financió dicho déficit en el mercado de valores con inversiones a corto plazo.

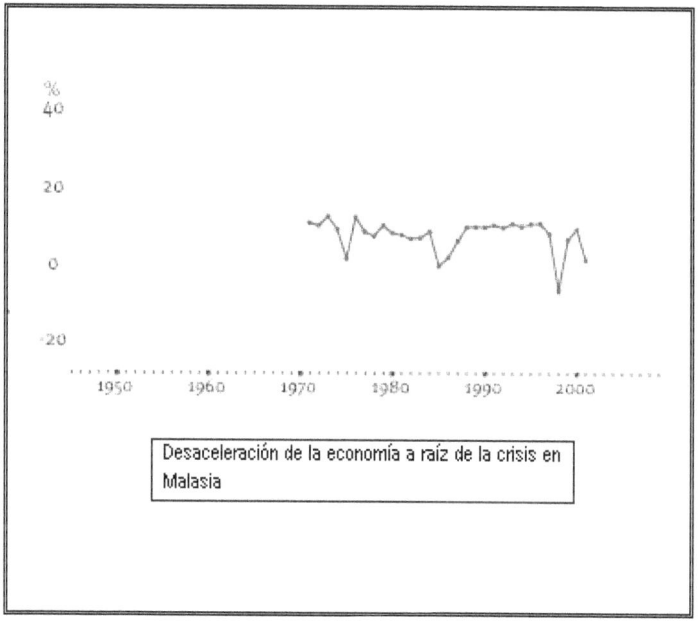

Fuente: www.marketoracle.co.uk

El caso Malasio es quizás el ejemplo de cómo las cosas pueden salir muy mal cuando los procesos regulatorios no se manejan de forma cuidadosa y es también un caso en el que la crisis ocasionó un proceso de regulación más estricta a posteriori. Malasia rechazó un paquete de salvamento ofrecido por el Fondo Monetario Internacional y en vez de esto aplicó o un paquete de medidas de fuerte regulación en todos los sectores de la economía.

II.E.-Argentina.

En Argentina se intentó un proceso desgerulador en la administración Menem (1989-1999). Este proceso desregulatorio se realizó bajo los auspicios del Fondo Monetario Internacional (FMI) y de la Organización Mundial de Comercio (OMC). El proceso, al decir de muchos, terminó generando una crisis económica generalizada, un retroceso industrial y un consecuente desempleo masivo.

Entre las principales medidas que implementó el gobierno Argentino se encuentran la liberalización del código de inversión extranjera, la eliminación de los controles sobre las tasas de cambio y los precios y la eliminación de los impuestos a la exportación y los cupos de importación. En el caso de la Argentina la desregulación redujo el costo de hacer negocios y fomentó la inversión, lo cual dió origen a un mayor rendimiento económico.

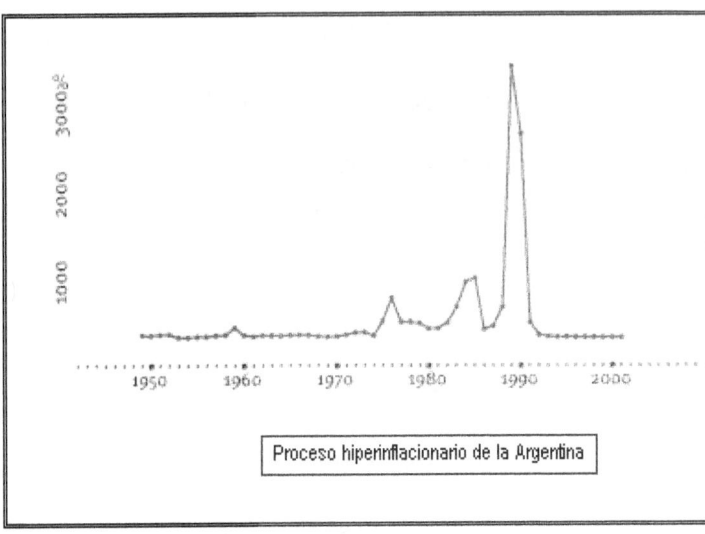

Fuente: www.marketoracle.co.uk

El crecimiento, sin embargo, no se sostuvo. Esto es por lo que muchos sostienen que el proceso desregulatorio causó la crisis que sobrevino. Otros autores entienden que se debió principalmente a un proceso de reforma incompleto. El éxito inmediato que las reformas surtieron parece confirmar lo que estos últimos autores plantean.

Estos últimos han entendido que la falta de un compromiso serio del gobierno argentino con la liberalización económica provocó el declive económico que sufrió el país.

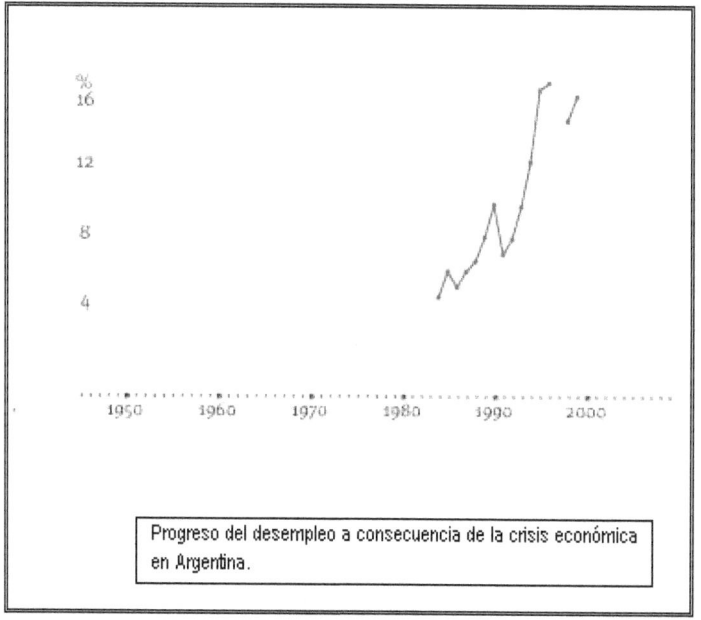

Fuente: www.marketoracle.co.uk

Los autores que entienden que las reformas no se llevaron a cabo de forma consistente han planteado algunos factores para demostrarlo. Entre los más importantes se encuentran:

1. **Carga de endeudamiento cada vez mayor.** El gasto gubernamental como porcentaje del PIB del país aumentó del 9,4 por ciento en 1989 al 21 por ciento en el año 2000.
2. **Incertidumbre por el sistema monetario.**
3. **Regulación excesiva.** Se pone por ejemplo, como en 1990, el gobierno otorgó a Telecom de Francia un monopolio de 7 años para prestar el servicio de telefonía básica en el norte de Argentina y a Telefónica de España para hacerlo en el sur; la línea divisoria

pasaba por el medio de Buenos Aires. Al final del período, los derechos del monopolio fueron extendidos por 3 años más sin lograr mejoras en los precios.

4. **Barreras al libre comercio.** Aunque las naciones miembros del Mercosur gozaron de la prohibición a las barreras comerciales entre las naciones miembros se mantuvieron aranceles comunes y barreras comerciales contra los no miembros.

5. **Un estado de derecho débil.** La debilidad en el estado de derecho, junto con una enorme burocracia, fomentó una cultura de corrupción generalizada. El 82 por ciento de los habitantes de Argentina no

confían en la efectividad del sistema judicial.[72]

Es por esas causas que se ha planteado la falta de libertad económica en Argentina, y la poca sinceridad de las reformas económicas tendentes a la desregulación como las verdaderas causas del fracaso del proceso.

---

[72] EIRAS, Ana I.; SCHAEFER, Brett D. *"La Crisis en Argentina: Una "Ausencia de Capitalismo"* Economic Freedom Project Report. The Heritage Foundation. 2003.

III.-El mercado de valores en la República Dominicana. Orígenes y Antecedentes Generales.

La historia de la bolsa de valores en la República Dominicana se inicia el 25 de Noviembre del 1988, cuando el Poder Ejecutivo emite el Decreto 544-88 por medio del cual se crea la Bolsa de Valores de Santo Domingo Inc., auspiciada por la Cámara de Comercio y Producción del Distrito Nacional.

El 31 de Marzo del 1997 se cambió el nombre de la Bolsa de Valores de Santo Domingo Inc., por el de Bolsa de Valores de la República Dominicana Inc. el 8 de mayo del año 2000, fue aprobada por el

Poder Ejecutivo la Ley 19-00 que crea el mercado de Valores.

La Ley 19-00 dispone de un marco regulatorio del mercado de valores de oferta pública de la República Dominicana. Al amparo de esta nueva legislación el 17 de diciembre del 2001, la Bolsa de Valores de la República Dominicana se convierte en una compañía por acciones con fines lucrativos, dejando de ser una empresa social pura y simple.

El 19 de marzo del año 2002 es aprobado el Reglamento de la Ley del Mercado de Valores por el decreto 201-02 del poder ejecutivo, (posteriormente modificado por el reglamento 729-04 de aplicación de la ley de mercado de valores actualmente vigente) El 10 de Octubre del 2003 la Superintendencia de Valores confirió a la bolsa de valores de la República Dominicana la autorización para operar e inscribirse en el registro del Mercado de Valores y Productos, después de haber cumplido con los requisitos establecidos en la Ley No.19-00, su Reglamento de Aplicación y las disposiciones previstas en la Primera Resolución del Consejo Nacional de Valores del 17 de diciembre del 2002.[73] Es a partir de ahí que el mercado de valores de oferta pública y sus instituciones comienzan sus operaciones de forma más o menos regular.

---

[73] Del sitio informativo de la Bolsa de Valores de la República Dominicana. www.bolsard.com

III.A.-El modelo regulatorio del mercado de valores de la República Dominicana.

El modelo regulatorio del mercado de valores de la República Dominicana es bastante similar a los sistemas en otros países de mayor nivel de experiencia y mayor tradición en mercados de valores. Es un modelo que exhibe regulación y autorregulación. Es bastante parecido al sistema del mercado de valores de los Estados Unidos de donde sin duda tiene influencia, como la mayor parte de los mercados de valores modernos.

La Ley 19-00, específicamente en su Reglamento de Aplicación 729-04 establece como uno de sus principios que el sistema de regulación de los mercados financieros en la República

Dominicana es uno de regulación mínima. (Art. 119) Podríamos decir que a la luz de lo que hemos definido como nuestro enfoque de desregulación, nuestro mercado está, por lo menos jurídicamente, orientado hacia la desregulación.

El porvenir o futuro regulatorio de nuestro mercado de valores va a depender, sin embargo, de una serie de escenarios que analizaremos más en detalle.

En el marco regulatorio del mercado de valores de la República Dominicana se otorgan facultades y poderes regulatorios a organismos como la Superintendencia de Valores y el Consejo Nacional de Valores (regulación gubernamental o regulación propiamente dicha) así como a entidades como la Bolsa de Valores, que ejercen funciones autorregulatorias.

III.B.-Organismos con atribuciones regulatorias en el mercado de valores de la República Dominicana.

La ley 19-00 otorga facultades regulatorias a una serie de organismos. El esquema es muy similar al de los mercados de valores de otras naciones. En el esquema de nuestro mercado de valores se otorgan atribuciones regulatorias esencialmente a la Superintendencia de Valores, al Consejo Nacional de Valores y a las Bolsas de Valores.

III.B.1.-Consejo Nacional de valores.

El Consejo Nacional de Valores es creado por la Ley 19-00 en su Artículo 33. El Artículo 34 le da atribuciones regulatorias.

El artículo 34 de la ley 19-00 otorga al Consejo Nacional de Valores atribuciones para:

a) Aprobar las tarifas sometidas por el superintendente de valores sobre cuotas y derechos que cobrará la Superintendencia de Valores por concepto de supervisión, derechos de inscripción en el registro y otros servicios, así como los ajustes por inflación establecidos en el artículo 14 de la presente ley;

b) Aprobar las sanciones administrativas a ser impuestas a los infractores de las disposiciones contenidas en la presente ley cuando éstas no estuvieren tipificadas en la misma;

c) Actuar como conciliador en los casos de conflictos entre participantes del mercado de valores cuando éstos no fueren dirimidos por el superintendente de valores…"

III.B.2.-Superintendencia de valores.

La Superintendencia de Valores recibe sus atribuciones regulatorias directamente de la ley 19-00 en sus artículos 18 y siguientes. De forma específica es el artículo 19 el que otorga estas facultades, cuando expresa:

"La Superintendencia de Valores tendrá por objeto promover, regular y fiscalizar el mercado de valores, en la forma establecida por la presente ley y su reglamento. Asimismo, velará por la transparencia del mercado de valores..."

Entre las facultades regulatorias se encuentran:

a) Autorizar las ofertas públicas de valores, el contenido mínimo del prospecto, la apertura y funcionamiento de las bolsas, intermediarios de valores, fondos de inversión, compañías titularizadoras y demás participantes del mercado de valores.

b) Requerir las informaciones que deberán suministrar las entidades emisoras, los intermediarios autorizados y las personas físicas y jurídicas sujetas a la presente ley, así como fiscalizar el uso de la información privilegiada;

c) Organizar y mantener el registro del mercado de valores

d) Evaluar y decidir respecto de las denuncias o quejas sobre operaciones irregulares de los intermediarios y demás participantes en el mercado de valores.

e) Suspender temporalmente la cotización de valores de oferta.

i) Suspender o cancelar la autorización otorgada para hacer oferta pública de valores.

El Reglamento reafirma estas facultades:

"La Superintendencia podrá requerir la corrección, precisión o exigir que se abunde sobre toda información que deba ser inscrita en el registro, cuando estime que la misma es incompleta, inexacta o falsa, sin perjuicio de la aplicación de las sanciones que correspondan en cada caso..."

"...Art.41.- De conformidad con el artículo 4 de la Ley, la Superintendencia podrá determinar, en caso de duda, si cierto tipo de oferta de valores constituye oferta pública, de oficio o atendiendo a las reclamaciones, quejas, denuncias o por requerimientos judiciales específicos. La Superintendencia, mediante normas de carácter general, deberá establecer el procedimiento a seguir para estos fines.

"...Artículo 268.- La Superintendencia podrá, de acuerdo con las disposiciones establecidas en el artículo 112 de la Ley y el presente Reglamento, imponer sanciones administrativas de carácter cualitativo y sanciones administrativas de carácter cuantitativo a las personas físicas y jurídicas fiscalizadas…"

III.B.3.-Las Bolsas de Valores.

Es la ley 19-00 la que define a las bolsas y en su definición se establecen sus atribuciones regulatorias. Citamos

"...Art. 43.- Las bolsas de valores son instituciones autorreguladoras que tienen por objeto prestar a los puestos de bolsa inscritos en las mismas todos los servicios necesarios para que éstos puedan realizar eficazmente las transacciones con valores de manera continua y ordenada, así como efectuar las demás actividades de intermediación de valores, de acuerdo con la presente ley..."

El Artículo 44 de la referida ley enumera sus atribuciones regulatorias específicas:

"...b) Requerir información a los emisores respecto de los valores cotizados en las mismas;...

e) Velar porque sus miembros den estricto cumplimiento a todas las disposiciones legales y reglamentarias vigentes, y al Código de Ética que para estos fines elaborarán las bolsas y aprobará la Superintendencia de Valores;

f) Instalar un sistema de información automatizado para realizar operaciones aprovechando las ventajas de las telecomunicaciones y la informática...."

También el Artículo 45 se refiere a estas atribuciones.

"...Art. 45.- Serán atribuciones de las bolsas de valores:

a) Conocer las solicitudes elevadas por personas jurídicas para constituirse en puestos de bolsa;

b) Autorizar a los representantes de los puestos de bolsa a actuar como corredores en las negociaciones que se realicen en la bolsa;

c) Autorizar la inscripción de las emisiones de valores previamente aprobadas y registradas por la Superintendencia de Valores, para su cotización;

d) Suspender transacciones de valores de oferta pública, por un período de hasta cinco (5) días, cuando entienda que es conveniente para el mercado;

e) Solicitar garantías a los puestos de bolsas;...

Realizar conexiones automatizadas con los mercados de valores internacionales..."

El Artículo 48 también otorga facultades regulatorias al establecer que "...Las bolsas de valores podrán cobrar tarifas a sus miembros para sufragar sus gastos y costos de mantenimiento, expansión y mejoramiento de sus actividades, según lo establezcan sus estatutos y reglamentos...."

Finalmente, además de las disposiciones del Artículo 151 de la Ley 19-00 sobre algunas funciones adicionales atribuidas a las bolsas, el Artículo 272 el que otorga funciones regulatorias punitivas.

"...**Artículo 272.-** Las bolsas y las cámaras de compensación podrán aplicar sanciones mediante amonestaciones escritas, así como multa hasta el monto que autorice previamente la Superintendencia, a los intermediarios de valores con los que operen...."

IV.-Perspectivas regulatorias en el mercado de valores de la República Dominicana.

Es nuestro objetivo analizar la estructura y las perspectivas de desarrollo del modelo regulatorio del mercado de valores de la República Dominicana. Esto en el entendido de que el desarrollo del mercado de valores está íntimamente ligado a lo que suceda con su marco regulatorio, como demuestra el análisis de los diferentes sistemas regulatorios comparados.

Nos parece que la progresiva liberalización del mercado de valores y el desarrollo mismo del mercado puede encontrar algunas dificultades. No por eso planteamos que no sea posible su desarrollo. Por el contrario. Entendemos que el desarrollo del mercado de valores es muy posible. Sin embargo también entendemos que para que ese desarrollo pueda verificarse debemos analizar las razones que impiden que eso suceda de manera muy profunda y seria.

Entre los principales elementos a analizar se encuentran principalmente la falta de confianza del consumidor dominicano y las limitaciones estructurales y regulatorias.

Al mencionar el factor confianza debemos entender que este es un factor muy real. Se basa en una experiencia de décadas, en una práctica empresarial y gubernamental de desconocimiento de los derechos del consumidor y público en general, que lo ha colocado en una condición de indefensión que es ya regla.[74] En ese sentido entendemos que el individuo promedio, por lo menos en principio, verá el mercado de valores con cierta aprehensión.

El hablar de confianza y de cultura podría parecer un alejamiento del ámbito jurídico y un acercamiento al terreno sociológico, pero como ya hemos planteado reiteradamente, el factor psicológico, el factor confianza y el factor cultural tienen gran peso en el comportamiento de los mercados financieros, de los mercados de valores y

---

[74] Un ejemplo muy pintoresco es la criminalización y agravación de las penas a los usuarios que cometen fraude eléctrico mientras que todavía no hemos escuchado la primera propuesta de sanción severa a las distribuidoras por facturación incorrecta, lo cual podría calificarse igualmente de fraude. Esto aún cuando la Superintendencia de Electricidad comprueba miles de estas "incorrecciones" de forma continua.

de las disposiciones y tendencias regulatorias.

Las razones culturales que justifican la mencionada cultura de desconfianza se basan en una serie de experiencias que probablemente serían objeto de otro tipo de tesis, por su extensión y amplitud histórica. Sin embargo, para ilustrar, hemos tomado algunas experiencias relativamente recientes en el sector financiero, pues ellas nos darán una idea clara de la seriedad del factor confianza en el marco de nuestro estudio.

IV.A.- Experiencias en el sector financiero.

Una serie de factores inciden en el comportamiento de los mercados, unos lógicos y racionales, otros, que muchas veces son aún más importantes que los primeros, irracionales e inexplicables.

La opinión pública, la cultura e idiosincrasia y las experiencias negativas pasadas determinan con más frecuencia la forma en la que se orientan los procesos de reforma regulatoria que las necesidades y los resultados de estudios profundos de los procesos de los mercados.

Haría falta en este punto hacer un ejercicio de suposición y plantear los posibles diversos escenarios y que consecuencias tendrían en el orden regulatorio. En los capítulos que siguen haremos este ejercicio.

Sin embargo, podemos anticipar que esencialmente vemos tres escenarios. El primer escenario, que podemos llamar el escenario ideal, es el desarrollo del mercado de valores al punto de que su mismo desarrollo demande de modificaciones estructurales o regulatorias que le permitan seguir su avance. Entendemos lógico suponer que este sería un proceso hacia la autorregulación o desregulación como la hemos definido. Es decir, un proceso de flexibilización.

El segundo escenario posible es el de la crisis. Este escenario podría ser generado -si nos fijamos en las experiencias propias y las ajenas- probablemente por actuaciones fraudulentas. Como diría Milton Friedman, premio Nóbel de economía, "...difícilmente se dan procesos de cambio reales a menos que se presente una crisis que lo origine..." Un proceso surgido a partir de una crisis de esta naturaleza, comportaría casi con seguridad una regulación más estricta. Esto lo planteamos a partir de las experiencias en todos los países en los que se ha dado este tipo de experiencia. Entendemos que en el estado actual de cosas es poco probable, debido al limitado desarrollo del mercado.

Un tercer escenario, es el estatus quo, o en otras palabras, la permanencia del sistema actual, o el avance lento del mercado, con pocos cambios en la estructura regulatoria. Esto es algo que se esta evidenciando en la actualidad como veremos en el capitulo dedicado al análisis cuantitativo del sistema regulatorio en el mercado de valores de la República Dominicana.

Analicemos un poco algunas experiencias recientes en la historia de los mercados financieros de la República Dominicana para que podamos entender las limitaciones que el factor confianza (o desconfianza) nos impone antes de entrar en la evaluación plena de los escenarios.

IV.A.1.-Las quiebras de los 1980's.

Fue en los finales de la década del 1980 cuando el país vivió la crisis de las llamadas "financieras". El problema principal se presentó por malos manejos y malas prácticas prudenciales así como también por procesos fraudulentos.

Una serie de factores caracterizó esta crisis entre los que destacan una fuerte competencia por la captación de depósitos que llevo a las financieras a ofrecer elevadas tasas de interés pasivas, préstamos a empresas y personas vinculadas así como una peligrosa cantidad de ejecuciones que en determinado momento llevo al sector a descapitalizarse y perder liquidez en sus operaciones. Cuando se produjeron las primeras quiebras, y el miedo se apoderó del público, poco importo que las financieras siguieran o no prácticas apropiadas, pues una corrida generalizada hizo que el sector prácticamente desapareciera.

Luego de esta crisis la regulación bancaria se hizo más estricta y parte de las reformas de principio de los 1990's se debieron a esta crisis.

IV.A.2.-Las quiebras del 2003.

Viven aún en la memoria colectiva, las imágenes de la rueda de prensa desde el Palacio Nacional en la que se anunció el fraude bancario de Baninter. A pesar de que este caso está ventilándose aún en los tribunales algo que si podemos decir con certeza es que esta crisis generó una falta de confianza en los mercados financieros (Sobre todo en el bancario) que casi llevó al abismo al sistema bancario completo.

En estos casos los principales problemas que se presentaron, fueron de violaciones a las normas prudenciales, prestamos a compañías vinculadas, lavado de activos[75], utilización discrecional de los fondos y activos y, en la etapa final, cancelación de préstamos a personas físicas e individuos vinculados.

El gobierno decidió cubrir los depósitos de los ahorristas. El proceso terminó generando una inflación por encima del 30%.

Esta crisis, al igual que la anterior y que la mayoría de las crisis a nivel mundial, generó un endurecimiento de las medidas prudenciales y de la regulación generalizada del sistema.

---

[75] De esto ya existe una sentencia del tribunal del Distrito Sur de la Florida contra Luís Álvarez Renta, uno de los principales implicados en el caso.

IV.B.-Cultura de desconfianza.

La cultura de desconfianza del dominicano común es consecuencia de una serie de incidentes y crisis que a largo de nuestra historia se han presentado.

Es por eso que entendemos que el inversionista dominicano común es poco inclinado a la inversión de riesgo.

Analicemos algunos otros factores que han contribuido a robustecer esa cultura de desconfianza en la República Dominicana.

IV.B.1.-Los Bonos.

Hemos decidido analizar el caso de los bonos, por constituir un excelente ejemplo de factores que han contribuido a la desconfianza típica de la sociedad dominicana.

No creemos que en la República Dominicana se conozca de un caso de bonos que hayan sido honrados religiosamente. Con esto no planteamos que no hayan sido pagados, pero en mayor parte han presentado dilaciones y algún tipo de incumplimiento. En 1869, en el gobierno de Buenaventura Báez, se contrataba un préstamo con Frederick Hartmont por 420,000 libras esterlinas. 20 años después, todavía teníamos que lidiar con los bonos Hartmont, ya en el gobierno de Ulises Heureaux.

Heureaux tuvo que negociar con los tenedores de bonos Hartmont y se hicieron unos dos préstamos más para pagar estos bonos[76]. Luego de esto, la compañía Westendorp emitió nuevos bonos, una parte de los cuales se utilizaron para saldar lo adeudado a los tenedores de bonos Hartmont.

Dos años después, Heureaux hizo otra emisión de bonos con la misma compañía, por la cantidad de 900,000.00 libras.

---

[76] Cualquier parecido con situaciones actuales es pura coincidencia.

Algunos han planteado que estas deudas fueron el inicio del desastre económico que origino la invasión de 1916 de los Estados Unidos luego de la cesación de pagos en la que cayó el país.

Entre 1926 y 1928, se emitieron bonos por US$ 10, 000,000. No fue sino hasta el 1947, bajo la dictadura, cuando se pagaron estas deudas.

En el 2001, recientemente, el gobierno de Hipólito Mejía, incursiono en los mercados de capitales una vez más y ya en el 2005 vimos como la calificación de crédito de esos bonos era reducida a "default" por Standard & Poor's. S&P's considero que la oferta representaba un canje difícil porque los nuevos bonos ofrecían a los tenedores términos menos favorables y por las posibles consecuencias de un fracaso de la reestructuración. A pesar de que la renegociación se llevó a cabo de forma relativamente exitosa, el historial de no cumplimiento no cambió.

El 20 de Diciembre de 2005 los periódicos anunciaban que la cámara de Diputados aprobaba una nueva emisión de bonos por US$ 300 millones para pagar la deuda por la recompra de las acciones de Edenorte y Edesur por parte del Gobierno.

En los últimos meses del 2007 pudimos ver como el gobierno dominicano se vio en aprietos con el Fondo Monetario internacional ante los atrasos que se dieron con algunos instrumentos. El caso de la Sun Land y el atraso en el pago de esos pagares no favoreció el sentimiento de confianza de los mercados. La calificadora de riesgo llego incluso a variar la perspectiva dentro de la calificación de riesgo país a una perspectiva negativa.

Eso nos indica un comportamiento uniforme en cuanto a la responsabilidad y cumplimiento del Estado dominicano que trasciende un gobierno o un partido específico.

IV.B.2.-El factor irracional. Análisis Académico.

Como ya hemos mencionado cuando citamos y hablamos de los trabajos del profesor Prentice al hablar de las ventajas de la regulación, es imprescindible entender que en los mercados de valores el elemento emocional tiene un gran peso y con frecuencia la racionalidad no es en absoluto parte del comportamiento generalizado.[77] Este capítulo es más bien una forma de demostrar en que se basa nuestro convencimiento de la importancia del factor psicológico de la confianza.

---

[77] Puede citarse un estudio realizado por el profesor Richard Thaler y otros colegas según el cual en los mercados se presentan una serie de "anomalías" inconsistentes con la teoría de los mercados eficientes, por ejemplo, el buen clima se traduce en un buen estado de animo y en mayores volúmenes de inversión en la bolsa. (Algo completamente irracional)

El Dr. Richard Thaler, profesor de ciencias conductuales y economía en la Universidad de Chicago, ha estado interesado en los procesos conductuales en los mercados y en la forma en que los individuos violan la regla económica neoclásica, de que los actores actúan de forma racional en los mercados y de que el mercado castiga financieramente a quienes no lo hacen. El Dr. Thaler ha llamado a estos episodios irracionales "anomalías".

Las investigaciones del Dr. Thaler en cuanto al tema de las conductas económicas data de los años 70's. La escuela económica tradicional no aceptó en principio sus críticas sin embargo con el tiempo, la escuela conductual ha ido adquiriendo más adeptos. Habiendo probado que con frecuencia erramos, actuamos emocionalmente y nos comportamos irracionalmente. El profesor Thaler se ha dedicado en los últimos tiempos a mostrar patrones sistemáticos.

Los inversionistas desean creer que los mercados financieros se comportan de forma racional pero la volatilidad de los mercados en los años recientes parece indicar una tendencia contraria. En realidad, según plantea Thaler, los inversionistas no pueden contar con la racionalidad del mercado en el futuro.

Recientes estudios sugieren que los mercados están destinados a hacerse aún más erráticos y menos eficientes a medida que más individuos inviertan más en valores. Algunos de los estudios de Thaler muestran que la mayoría de los inversionistas en fondos 401(k) no conocen la diferencia entre un bono y una acción y creen que las acciones comunes de las compañías para las que trabajan son una inversión más segura que los fondos mutuales.[78]

Las presunciones antiguas en cuanto a las conductas de los inversionistas no describen lo que la gente hace realmente. La mayoría de la economía financiera moderna se basa en dos presunciones. Primero, los inversionistas tienen expectativas objetivas y segundo, siempre toman decisiones inteligentes.

---

[78] Lo cual es evidentemente alejado de la realidad.

Para la explicación de los fenómenos y la dinámica de actuación irracional Thaler entiende que deben considerarse una serie de principios entre los que se encuentran: la estructuración, anclaje, aversión a las pérdidas y descuento de pérdida de oportunidad.

El principio de estructuración sugiere que la forma en que se hace una pregunta influencia la forma en la que se responde la misma.

El principio de anclaje sugiere que cuando a las personas se les pide que estimen, comienzan con un numero familiar y ajustan a partir de ahí.

El principio de aversión a la pérdida muestra que la gente es mucho más sensitiva a la perdida de dinero que a la ganancia del mismo.

También es cierto que la gente le da mucha más importancia a cuando tiene que sacar dinero de su bolsillo que a cuando deja de ganar dinero.

En los años 1990's, la psicología de los inversionistas en los Estados Unidos, según Thaler, era similar a la de los apostadores que tienen ganancias rápidas y sienten que están jugando con el dinero de la casa, por lo que cuando tienen pérdidas no le dan importancia pues entienden que aún están por encima de lo que tenían cuando comenzaron a invertir.

Thaler también pone en tela de juicio el que los llamados "inversionistas inteligentes" puedan tener un efecto en el mercado para poder racionalizarlo y pone como ejemplo el caso de Royal Dutch y transporte Shell. Las compañías se aliaron en 1907, y como parte del acuerdo, el 60% de los beneficios iría a Royal Dutch. Los inversionistas racionales entenderían que Royal Dutch debería venderse al precio premium y los resultados no fueron esos.

Thaler refiere una serie de ejemplos que demuestran que los mercados de valores no reflejan los verdaderos valores de las empresas que cotizan y pone el ejemplo de 3Com, una empresa que a pesar de tener un negocio rentable, en un momento determinado fue valuada en un saldo de 23 millones en negativo.

Presenta el problema del precio en los mercados de valores pues si los mercados reflejaran valores intrínsecos el precio sería casi imposible estimar, mientras que creer que solo el factor psicológico influye no sería correcto, aún cuando podríamos hacer estimados más fáciles. La realidad, no obstante, según plantea Thaler, se encuentra en un punto medio entre las dos.

Estudios recientes de los profesores Jennifer Arlen, Matthew Spitzer y Eric Talley[79] sobre la misma temática, han probado que la irracionalidad es una tendencia y que en determinadas situaciones nos encontramos con actuaciones irracionales de forma

---

[79] IBID cita 36 así como también el estudio "*Endowment Effects within Corporate Agency Relationships*"

consistente y sistemática. Como mencionamos anteriormente, aún cuando en los mercados de valores en los Estados Unidos la SEC hace disponible a los usuarios información suficiente estos realizan sus transacciones por razones emocionales. Esto porque como dice Herbert Simón "...la gente tiende a ser intencionalmente racional, pero solo limitadamente racional"[80].

Conviene recordar el caso de LTCM, que ya hemos mencionado, en el que a pesar de estar compuesta por varios premios Nóbel en economía cometieron el error de subestimar el factor humano irracional[81]

---

[80] IBID cita 39.
[81] IBID cita 46.

En ese sentido, podemos decir que el factor irracional tiene una importancia capital en el marco de los mercados financieros, y específicamente en el mercado de valores. La confianza, la cultura y la idiosincrasia son tan importantes, a la hora de pensar en tendencias regulatorias, como podría serlo cualquier otro factor que podamos entender de más importancia.

El factor irracional no debe ser subestimado. Isaac Newton se expresó sobre el factor irracional al decir en una ocasión:

"...puedo calcular los movimientos del cosmos, pero no la locura de la gente..."

[82]

---

[82] Cita jocosa de la obra del profesor Prentice. Se dice que Sir Isaac Newton dijo esto luego de perder 20,000 libras en el mercado de valores. Original "...I can calculate the motions of the heavenly bodies, but not the madness of people..."

IV.C.-Escenarios posibles.

En este punto entendemos que resulta oportuno discurrir sobre los escenarios que visualizamos como más posibles y razonables. Es evidentemente imposible analizar todos los escenarios que podrían presentarse. No es ese nuestro objetivo tampoco. Hemos entendido de interés académico analizar aquellos que nos parecen más probables.

IV.C.1.-Primer Escenario. Crecimiento del sector.

Este escenario es definitivamente el ideal. Este sería un escenario análogo al caso que anteriormente analizamos en el sector eléctrico Canadiense.

Es importante notar que en los últimos años el mercado de valores de la República Dominicana se ha desarrollado notablemente. Pero este desarrollo solo es importante si lo comparamos consigo mismo. Es cierto que el mercado ha venido desarrollándose, pero también es cierto que todavía no supera el 0.6 del PIB, en comparación con otros mercados de nuestra región que pueden exhibir niveles de capitalización de sus economías superiores al 40%.[83]

En un escenario de crecimiento del sector los cambios al marco regulatorio son muy posibles. Lo que el escenario de crecimiento del sector implicaría sería un cambio hacia la flexibilización y

---

[83] Fernández, Alejandro. "Si los construyes, ellos vendrán". Diario Clave. 10 de Enero de 2008.

facilitación de las transacciones. En los últimos años y quizás muy especialmente en el ultimo año se ha visto una dinamización del mercado de valores. A medida que el sector crezca y se fortalezca, el mismo mercado demandará flexibilidad y facilidades para realizar sus transacciones. Quizás inclusive modificaciones a la legislación vigente a fin de facilitar la negociación de productos que hasta ahora han estado limitados en nuestro mercado de valores; como es el caso de las acciones, sin lo cual difícilmente el mercado pueda lograr ese desarrollo exponencial al que se aspira.

La posibilidad de que esto se lleve a cabo no es tan remota, de hecho, esa parece ser una de las principales preocupaciones existentes actualmente en los mercados de valores regionales. Recientemente en el marco de la "Sexta Conferencia Regional Anual sobre Centro América, Panamá y la República Dominicana" organizada por el Fondo Monetario Internacional (FMI) y el Consejo Monetario Centroamericano (CMCA) los días 28 y 29 de Junio de 2007 se hicieron comentarios en ese sentido. En el marco de esa conferencia se mencionaron como principales factores que limitan el desarrollo de los mercados de valores regionales la estructura cerrada de las acciones de las empresas, las dificultades del proceso de aprobación pública de emisiones de deuda y al nivel de desarrollo de la base de inversionistas institucionales.

Lo anterior indica que este escenario es uno que racionalmente podemos considerar como posible. En el curso del análisis de las posibles vertientes en las que se podría dar este escenario hemos vislumbrado los siguientes sub-escenarios.

El sub-escenario A es uno en el que el crecimiento se ha dado de forma positiva y las experiencias crean bienestar, riqueza, optimismo y buena voluntad. Como anteriormente sugerimos este escenario probablemente tendería a la desregulación progresiva a favor de más y mejor autorregulación. Veríamos diversas propuestas legislativas para flexibilizar marcos legales a fin de permitir transacciones fáciles de todo tipo de productos financieros. En este estado de cosas también se daría un crecimiento considerable de las empresas de servicios financieros y el mercado de productos financieros mixtos tendría igualmente un desarrollo inmenso.

Los mercados de valores de los Estados Unidos y Europa servirían de modelo pues estos han sido efectivos en la creación de infinidad de productos financieros para satisfacer los más variados intereses sectoriales.

El que este escenario tuviera lugar tendría además repercusiones considerables en la economía nacional. El aumento del ahorro y de la riqueza se traduciría en la disponibilidad de financiamiento para una infinidad de áreas: hipotecaria, agrícola, turismo, hostelería, etc. En fin, el efecto sobre la economía seria geométrico. Este escenario seria la consecuencia de la actuación exitosa de los agentes y actores del mercado y todas las facilidades legislativas y administrativas, en parte serian una especie de retribución. Se lo habrían ganado.

Otro posible escenario al que llamaremos sub-escenario B, es un escenario en el que el mercado llega a un punto en el que se encuentre atascado o en el que su crecimiento no sea el que represente el verdadero potencial del mismo. Es un escenario en el que el mercado parece haber llegado a su tope. Este escenario presenta una situación en la que los agentes del mercado de valores exigen del estado las soluciones y presentan las propuestas. El estado a su vez y ante las presiones de los sectores involucrados en los mercados financieros, accede a otorgar incentivos fiscales e incentivos estructurales a fin de facilitar el desarrollo del mercado de valores. Esto podría ser una especie de voto de confianza. Podría, entre otras cosas, allanar el camino para la inversión de los fondos de pensiones en este mercado y modificar la estructura cerrada de las sociedades comerciales.

Este sub-escenario parece también racionalmente posible. De hecho, parecería que sin algunas concesiones y facilidades estructurales, administrativas y legislativas es difícil que el mercado se mueva a un ritmo mucho más rápido del que actualmente lleva.

Nos parece oportuno plantear nuestro criterio de que los problemas fundamentales del mercado de valores lo constituyen: La falta de confianza de la población general, la limitada capacidad de ahorro de la economía dominicana[84], la falta de productos interesantes y suficientemente rentables y la falta de un mercadeo agresivo de compañías que ofrezcan productos financieros confiables y atractivos.

Lo decepcionante es que todo esto es bastante irrelevante porque el acceso mismo de los particulares al mercado de valores es limitado y la estructura

---

[84] Nos referimos al concepto de ahorro en el sentido amplio y no en el sentido bancario del término.

cerrada de nuestras sociedades comerciales se ha convertido en retranca.

Es importante aclarar que a pesar de nuestra posición de que la capacidad de ahorro es limitada es cierto también que solo el Banco Central de la República Dominicana tiene ya cerca de RD$ 200,000 millones de pesos en certificados de depósitos[85]. Entendemos que el soltar las amarras institucionales podría ayudar a que comencemos a salir de nuestra situación de desarrollo limitado.

Es oportuno señalar que cuando nos referimos a ahorro no nos referimos a ahorro en el estricto concepto bancario

---

[85] Un porcentaje considerable del mismo corresponde a inversión privada internacional.

de ahorro, sino más bien en el sentido amplio del término aplicado al sector financiero en general.

Los fondos de pensiones constituyen quizás la más lógica fuente de inversión en los actuales momentos. Sin embargo, las consecuencias que tendría la inversión de los mismos en productos que no sean muy confiables, atractivos y rentables (Combinación difícil) serían desastrosas. El crecimiento de los mercados financieros y especialmente del mercado de valores sin duda atraería también la inversión extranjera. Sin embargo, nos queda mucho trabajo en cuanto al desarrollo del respeto al estado de derecho y la consideración a los principios de derechos adquiridos y reglas claras antes de que podamos esperar demasiado de ese sector. Casos recientes como el del sindico del Distrito Nacional y la empresa extranjera Impacto Urbano, así como el caso de la "Sun Land", que ya ha generado criticas del FMI y una rebaja de calificación por parte de la calificadora de riesgo Standard & Poor's dañan la imagen y dificultan aún más el desarrollo del mercado de valores.

No planteamos que no se utilicen los fondos de pensiones en el mercado de valores. Sino que los productos en los que se inviertan los mismos sean productos de la más alta solidez y confiabilidad. Plantear la no utilización de los mismos no seria razonable, sobre todo considerando que las administradoras de fondos de pensiones han confrontado serias dificultades en encontrar productos suficientemente rentables.

Es importante resaltar que no es nuestro interés ni proponemos en forma alguna la "desregulación" pura y simple. Permitir demasiada autorregulación podría llevar el mercado de valores más allá de los límites prudenciales y podría terminar generando una crisis que es el peor de los escenarios posibles. Los mejores mercados y los de mayores niveles de capitalización son mercados con regulación clara pero no excesiva. Nuestro planteamiento va principalmente dirigido a dejar claro que nuestro mercado no se está desarrollando en la medida de sus posibilidades y que en parte esto se debe a razones de carácter estructural y regulatorio amplio.

IV.C.2.-<u>Segundo Escenario. Crisis en el sector bursátil.</u>

Este es un escenario que también debemos considerar. La experiencia histórica internacional nos muestra que las probabilidades de algún tipo de crisis a medida que el mercado se desarrolle son suficientemente reales como para considerar este escenario.

El escenario se plantea a partir de una crisis en el sector bursátil. Los escenarios más posibles que podemos prever serían de fraudes al estilo de los que recientemente han azotado al mercado de valores en los Estados Unidos, o, porque no decirlo, al mejor estilo de los fraudes y crisis financieras dominicanas. Otra posibilidad plausible es la de un caso como el del sector inmobiliario en los Estados Unidos, en el que no se observaron las mejores practicas de evaluación de riesgo y ya lleva contabilizadas pérdidas en el orden de los US$ 400,000 millones de dólares.

El de un caso de abuso de información privilegiada, al mejor estilo de Martha Stewart, sería catastrófico para un mercado incipiente. Un caso de violaciones a las buenas prácticas de contabilidad y falseo de informaciones públicas, como el caso reciente en los

Estados Unidos, de Enron[86] también sería desastroso.

Como plantea Mariano Carbajales en "La regulación del Mercado Financiero": El riesgo sistémico en los mercados de valores es mucho más reducido que en el mercado bancario, por lo que entendemos que en caso de presentarse este escenario quienes sufrirían serían esencialmente los inversionistas afectados directamente por el fraude y de forma secundaria los demás inversionistas del mercado. Esto claro está, sólo o si hay un mercado relativamente desarrollado. En un mercado como el actual las repercusiones serían aún más limitadas. En cuanto a las consecuencias para la

---

[86] Cuyos ejecutivos han recibido fuertes condenas recientemente.

economía en sentido general, creemos, que comparadas a las recientes crisis bancarias, las consecuencias serían marginales.

Sin embargo, en cuanto a las consecuencias para el mercado de valores en materia regulatoria. Un escenario como este implicaría resultados muy serios. La historia, como hemos visto en otros países y en el nuestro, indica que tras una crisis similar a las que hemos propuesto, las consecuencias serían el endurecimiento de la regulación, la aprobación de legislación y reglamentos para incrementar la fiscalización e inclusive la creación de nuevos órganos regulatorios. Implicaría la reducción de las atribuciones autorregulatorias a favor de regulación estatal más cercana. Todas las crisis por fraudes en los mercados financieros terminan generando mayor regulación, por lo menos en el mediano y corto plazo, como hemos analizado en la historia de las crisis en los demás países.

A pesar de todo, es nuestra posición que el riesgo de crisis en el mercado de valores en la República Dominicana en la actualidad es limitada, sobre todo, por el desarrollo marginal del mismo.

IV.C.3.- Tercer escenario. Permanencia del "estatus quo".

El tercer escenario es el escenario en el que nos encontramos en este momento. Es un escenario de desarrollo lento. (Algunos plantean que ha sido importante, pero como ya dijimos, solo lo es comparado con nosotros mismos) Un escenario de cierta desidia de parte del Estado. De interés grande de algunos en que el mismo se desarrolle. De mirada impotente de otros, de interés poco sincero de otros.

Recientemente organizaciones como el ANJE han abogado por ciertos niveles de flexibilización de la regulación, reducción de los costos de inversión, aumento de las buenas prácticas y el buen gobierno corporativo así como incentivos fiscales.

Valdría la pena preguntarse si estas medidas por si solas lograrían el avance que el mercado de valores necesita.

Nos parece que muchos grupos empresariales tienen la vista puesta en los fondos de pensiones, porque es quizás el único lugar en el que se vislumbran fondos cuantiosos. Sin embargo, de nuevo, entendemos que es necesario considerar las consecuencias de utilizar los fondos de pensiones sin tomar las precauciones pertinentes, antes de acudir a ellos. Al parecer, los fondos de pensiones son ambicionados por muchos sectores. Recientemente fuimos testigos de productos financieros creado por el Banco Central de la República Dominicana especialmente con el objeto de captar los recursos de los fondos de pensiones.

Es nuestro humilde parecer que tomando en consideración que el Banco Central no hace inversiones ni financia al público general, es decir, no realiza actividades productivas. Una inversión de esta naturaleza sería sumamente riesgosa. Del mismo modo, la inversión de los fondos de pensiones en productos que no sean claramente rentables y seguros en el mercado de valores sería también una apuesta arriesgada.

Entendemos también, que mientras la estructura cerrada de las acciones de las empresas no sea modificada para permitir que una vez cumplidos los requisitos que se establezcan a esos fines, estas puedan cotizar sus acciones en el mercado de valores difícilmente desarrollaremos nuestro mercado de valores mucho más de lo que hasta ahora se ha logrado. Este punto fue uno de los puntos considerados más importantes y de las principales barreras tratadas en la "Sexta Conferencia Regional Anual sobre Centro América, Panamá y la República Dominicana" organizada por el Fondo Monetario Internacional (FMI) y el Consejo Monetario Centroamericano (CMCA) los días 28 y 29 de Junio del 2007.

V.- Análisis objetivo y cuantitativo de la regulación existente para el sector de mercado de valores en la República Dominicana.

No nos proponemos analizar si la regulación existente este momento en el mercado de valores de la República Dominicana es excesiva o no. Nos parece que ese sería un ejercicio estéril. Lo que si entendemos interesante es enumerar la regulación actual a los fines de permitir que nuestros lectores y evaluadores se formen su opinión sobre este tema.

También hemos preparado algunos gráficos que ilustran los movimientos en materia regulatoria del mercado como consecuencia de las resoluciones de la

Superintendencia de Valores de la República Dominicana.

Hasta la fecha tenemos, en adición a la ley monetaria y financiera y a la ley de mercado de valores y su reglamento, una cantidad de regulación que se ha venido acumulando de forma progresiva. No vamos a hacer ningún juicio de valor en cuanto a las consecuencias positivas o negativas que esta acumulación continua pueda tener, sino que nos limitamos a hacer el planteamiento como una simple observación consecuencia de la presente investigación. No nos referimos al concepto de "congestión regulatoria" de que hablan algunos autores y al que nos hemos referido como "sobre-regulación". No tenemos suficientes elementos de juicio para llegar a convencernos de esto por el momento.

Una parte de las resoluciones emitidas a la fecha han sido modificadas o derogadas. A los fines de ilustrar este punto, y de que pueda verse el transito regulatorio, hemos preparado los siguientes gráficos, a los que daremos explicación de forma particular.

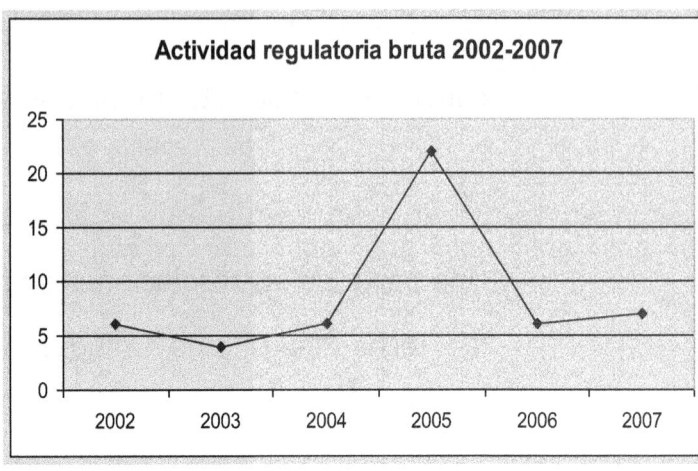

Nuestro primer cuadro "Actividad regulatoria bruta 2002-2007" muestra todas las resoluciones emanadas por la SIV en el período 2002-2007. Esto incluye la actividad de emisión de resoluciones de forma total. En el 2002 emanaron 6 resoluciones de la SIV, en el 2003 el número fue 4, en el 2004 fue 6, en el 2005 fueron 22, en el 2006 fueron 6 y en el 2007 fueron 7.

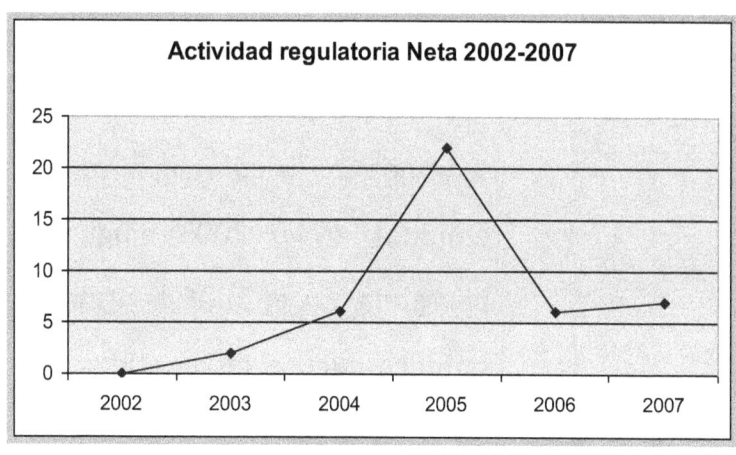

Nuestro segundo cuadro "Actividad regulatoria neta 2002-2007" comprende la totalidad de la regulación emitida entre el año 2002 y el año 2007. En este cuadro se han eliminado las resoluciones que posteriormente fueron derogadas por otras resoluciones. Por eso tenemos que en el 2002 el número es 0. Lo que eso significa es que todas las resoluciones del 2002 fueron derogadas. En el 2003 tenemos 3, pues una fué derogada. En el 2004 tenemos 6. Lo que significa que ninguna de las emitidas ese año ha sido derogada. En el 2005 tenemos 22 lo cual significa que de las emitidas en el 2005 ninguna ha sido derogada. En el 2006 tenemos 6 lo que significa que de las emitidas en el 2006 no se ha derogado ninguna y en el 2007 tenemos 7 lo cual significa que de las emitidas en el 2007 ninguna ha sido derogada.

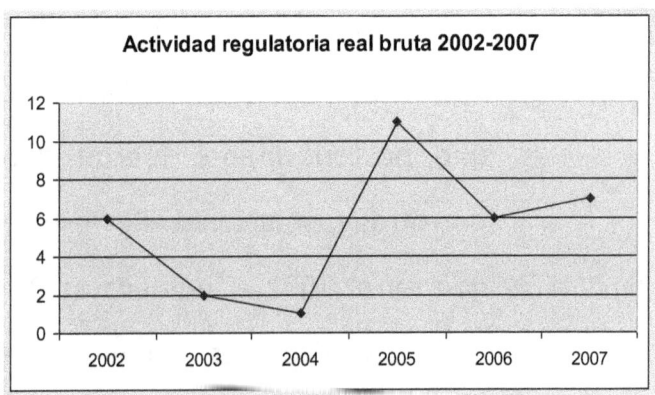

Nuestro cuadro "Actividad regulatoria real bruta 2002-2007" es la respuesta al deseo de un cuadro que solo expresara las resoluciones de regulación propiamente dicha. Pues las resoluciones de los cuadros anteriores también incluyen resoluciones de autorización para que firmas de auditores y diversos actores del mercado tengan participación en el mismo y asuntos no puramente regulatorios. Este cuadro, por tanto, si expresa la actividad de resoluciones que implica regulación. Tenemos 6 en el 2002. Vemos que en el 2003 ese numero baja a 2. En el 2004 baja a 1. En el 2005 sube a 11. En el 2006 baja a 6 y en el 2007 sube a 7.

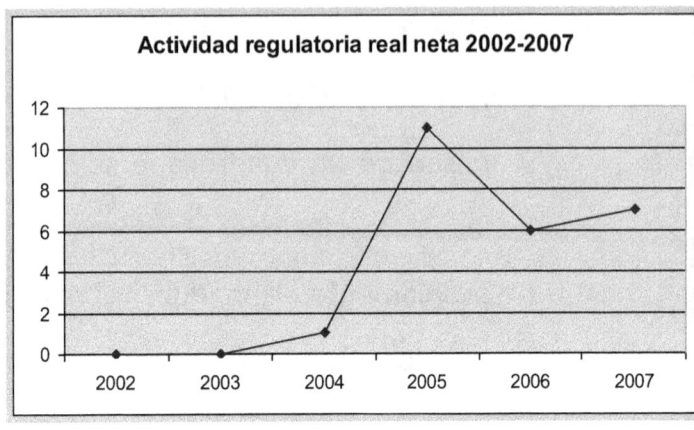

Haciendo un ejercicio análogo al de los dos cuadros anteriores hemos tomado las resoluciones "reales"[87] y hemos eliminado aquellas que han sido derogadas por otras. Tenemos 0 en el 2002 lo cual indica que todas las del 2002 fueron derogadas. Tenemos 0 en el 2003 lo cual indica que todas las del 2003 han sido derogadas. Tenemos 11 en el 2005 lo cual indica que ninguna de las emitidas

---

[87] Como explicamos anteriormente el termino "real" se refiere al hecho de que son resoluciones que constituyen verdadera carga regulatoria.

en el 2005 ha sido derogada así como 6 y 7 en el 2006 y 2007 respectivamente. Lo cual indica que las emitidas en esos años permanecen vigentes.

Un ejercicio de observación simple y objetiva a los gráficos nos indica que a medida que el mercado de valores ha ido desarrollándose se ha ido haciendo más proclive a la emisión de regulación nueva y menos proclive a la derogación de regulación anterior. Como vimos cuando analizábamos los vicios de la sobre regulación y como se ha tratado el problema en Inglaterra además de la teoría del "one in one out", nos damos cuenta que aún en nuestro incipiente mercado ya se va engendrando ese problema. Sin embargo, deseamos aclarar que no estamos planteando que nuestro mercado de valores se encuentre ya en esta situación, entre otras razones porque no creemos que tengamos datos de suficientes años para poder emitir ese tipo de juicio.

Hemos preparado este gráfico final para ilustrar esta observación.

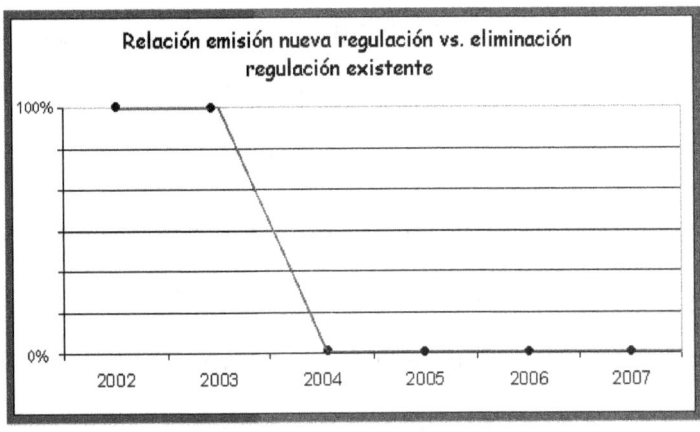

Como podemos ver, las resoluciones emitidas en los años 2002 y 2003 se derogaron en el 100%. En los años 2004, 2005, 2006 y 2007 se emitieron la mayor cantidad de resoluciones de la historia de nuestro mercado de valores y sin embargo de las resoluciones emitidas en esos años no se ha derogado ninguna. No estamos planteando que esto sea bueno o malo. No vamos a entrar en un análisis de las resoluciones y de las razones por las que se han derogado o no. Sino simplemente llamando la atención sobre un hecho interesante que además ya ha sido planteado por muchísimos autores en innúmeras ocasiones.

VI.-Consideraciones finales.

Luego de analizar con un criterio académico el problema regulatorio y las malas experiencias en los sectores financieros en la República Dominicana y luego de haber considerado desde el punto de vista general y objetivo las circunstancias y los hechos que rodean el marco regulatorio del mercado de valores de la República Dominicana no podemos sino estar convencidos de algunos conceptos que a medida que ha discurrido esta tesis hemos ido proponiendo.

Las experiencias con procesos de desregulación han tenido resultados mixtos a nivel global. Se ha planteado que la ausencia de regulación es un llamado al fracaso y al abismo, mas el exceso de regulación también tiende a evitar el desarrollo. Los mejores y más líquidos mercados de valores a nivel global han sabido encontrar el equilibrio.

El mercado de valores de la República Dominicana se encuentra en una encrucijada y el camino que tome va a depender de muchos factores. A pesar de que muchos planteen que nuestro mercado se ha desarrollado considerablemente en los últimos años esto es solo una media verdad. Es cierto que ha habido crecimiento y es cierto que se han hecho más emisiones en los últimos años que en muchos años anteriores, pero quienes afirman que vamos avanzando a paso firme no han considerado los números profundamente.

La realidad es que estamos entre los países de la región cuyo volumen no supera el 0.6 del PIB, en compañía de países como Guatemala, Honduras y Nicaragua.

Para hacer una comparación que nos permita entender el planteamiento que hacemos debemos ver otro grupo de países en nuestra área. Es el grupo conformado por Panamá, El Salvador y Costa Rica, con niveles de capitalización por encima del 40% en relación a su PIB. Es a eso a lo que debemos aspirar. Estamos diciendo que esos países tienen unos niveles de capitalización unas 66 veces más altos que el de la República Dominicana en términos relativos al PIB.

Algunos de esos países tienen economías menores que la nuestra. El caso de Costa Rica es paradigmático. Con un PIB del 70% del tamaño del nuestro cotizó en el 2006 un volumen 36 veces más alto que el nuestro.

El sector privado está probablemente listo para invertir de forma agresiva en un mercado que le ofrezca esas posibilidades con las seguridades mínimas razonables.

Si es el Estado que resuelve disponer todas las medidas necesarias para que el mercado de valores se desarrolle podríamos tener resultados positivos.

Podríamos lograr el desarrollo del mercado de valores y podríamos conseguir que el público general también se involucrara en el mismo. La adición de la inversión de los fondos de pensiones por medio de instrumentos apropiados daría un buen empujón. La inclusión de los fondos de pensiones además resolvería dos problemas; por una parte, ayudaría al desarrollo del mercado de valores mientras al mismo tiempo resolvería el problema de inversión rentable confrontado por los fondos de pensiones actualmente.

El factor confianza como hemos planteado anteriormente es un factor sumamente importante y es un factor limitante. Lo interesante del factor confianza es que una vez el mercado comience a desarrollarse apropiadamente la confianza puede lograrse con relativa rapidez y facilidad.

La realidad es que tenemos un mercado que esta listo en los actuales momentos para que se le afloje la brida y se le deje trotar a toda capacidad. Solo hacen falta algunas reformas estructurales e incentivos. El momento es propicio, porque las inversiones extranjeras podrían reducirse bastante en el futuro a corto y mediano plazo como consecuencia de la crisis inmobiliaria en los Estados Unidos y la recesión que se cierne sobre su economía.

Es el momento de que nos ayudemos nosotros mismos...

Conclusiones

En la República Dominicana el mercado de valores tiene como marco regulatorio fundamental la ley 19-00 del 8 de mayo del 2000. La misma otorga facultades y poderes regulatorios a diversos organismos como el consejo de valores, la superintendencia de valores y las bolsas de valores.

Históricamente algunos sectores han sido objeto de sistemas regulatorios estrictos debido a su naturaleza. Generalmente los sectores considerados de interés social o político, esenciales o de seguridad nacional son objeto de fuertes niveles regulatorios.

Existe sin embargo una tendencia generalizada hacia la desvinculación del estado de todo aquello que no este directamente relacionado con la administración del estado mismo. Esto, claro está, excluye a lo planteado en el párrafo anterior.

El auge del movimiento desregulador comenzó en la década de los años 70 principalmente con las investigaciones y estudios de los profesores Friedrich Hayek, Milton Friedman y Alfred Kahn, de las Universidades de Chicago y Cornell respectivamente.

En teoría los procesos de desregulación tienden a aumentar la competencia y la productividad, haciendo que los mercados se eficienticen y los precios bajen de forma generalizada. Esto en la práctica no es siempre así porque los procesos regulatorios son muy complejos y las consecuencias no siempre son previsibles.

Es bueno aclarar que cuando en este estudio nos hemos referido a desregulación lo hemos hecho refiriéndonos al concepto de regulación mínima, que es además el principio que sigue nuestra legislación de valores.

Una vertiente interesante que además ha tomado recientemente más fuerza en la discusión regulatoria, es la de una regulación centralizada, o más bien una "autorregulación centralizada". La corriente en los mercados de valores de Estados Unidos, por ejemplo, se mueve hacia órganos autoregulatorios e incluso hacia la fusión de los órganos autoregulatorios de los diversos mercados de valores.[88]

Regular mercados como el mercado de valores es sumamente complicado. El costo de tener órganos regulatorios eficientes es muy alto y las crisis recientes en los mercados financieros internacionales demuestran que eso tampoco garantiza que estarán fuera de peligro.

---

[88] Lo cual como hemos visto ya se ha dado en algunas instancias.

Es innegable sin embargo que la regulación es necesaria. El punto parece ser encontrar el equilibrio. Países como Inglaterra han sentido los efectos de tener demasiada regulación, entre otras cosas por estar sujeta a demasiados órganos regulatorios disímiles.

La forma en la que los ingleses han intentado enfrentar este problema ha sido entre otras medidas y propuestas, la creación del "Nacional Audit Office" con el objetivo de reducir el peso del efecto regulatorio.

Los Estados Unidos también se han preocupado por el fenómeno de la sobre-regulación. La orden ejecutiva 12886 del Presidente Clinton en 1994 con el fin de limitar el efecto regulatorio excesivo prueba la preocupación que ya genera este problema.

Las experiencias con procesos desregulatorios en sentido general a nivel internacional han sido mixtas. Argentina intentó un proceso desregulador bajo los auspicios del Fondo Monetario Internacional (FMI) y la Organización Mundial de Comercio. (OMC) El proceso terminó generando una crisis económica generalizada, un retroceso industrial y un consecuente desempleo masivo.

Malasia también tuvo una experiencia negativa. Canadá tuvo una experiencia positiva, pero el proceso desregulador en Canadá fue en el sector eléctrico.

El mercado de valores de la Republica Dominicana tiene en este momento importantes limitaciones. Algunas tienen que ver con el marco regulatorio en sí mismo mientras que otras son sólo factores que no favorecen que esos marcos regulatorios sean flexibilizados a fin de permitir un desarrollo apropiado del mercado.

La cultura es el primero de los factores. Aquí incluimos lo referente a la cultura de desconfianza natural de nuestro pueblo y las experiencias negativas que se han tenido. Comenzamos por las crisis financieras de finales de los 80's y consideramos asimismo la más reciente crisis bancaria del 2003. La histórica actitud de incumplimiento de los gobiernos así como el poco respeto por los derechos adquiridos no contribuyen a que esta cultura cambie.[89] Si agregamos que el factor irracional es sumamente importante en los mercados financieros podemos concluir que el factor que hemos nominado como "cultural" es considerablemente importante.

Los factores que se encuentran en el segundo grupo son los factores estructurales y regulatorios propiamente dichos. Entre estos encontramos los problemas planteados por la estructura cerrada de las empresas, que no

---

[89] Los casos de Impacto Urbano y sobre todo el de la emisión de pagares con la Sun Land, que ya originó un cambio en la perspectiva de calificación por parte de la calificadora de riesgo Standard & Poor's es prueba fehaciente de este punto.

permiten la cotización libre de acciones y la falta de incentivos suficientes para los inversionistas en el mercado.

Al hacer el análisis de las perspectivas regulatorias del mercado de valores de la República Dominicana hemos considerado tres escenarios de manera fundamental.

El primer escenario es el desarrollo del mercado de valores al punto de que su mismo desarrollo demande de modificaciones estructurales o regulatorias que le permitan seguir su avance. Entendemos lógico suponer que este sería un proceso hacia la autorregulación o desregulación como la hemos definido. Es decir, un proceso de flexibilización regulatoria.

El segundo escenario posible es el de la crisis. Este escenario podría ser generado por prácticas fraudulentas que originarían endurecimiento del marco regulatorio, como ha sido la experiencia a nivel internacional siempre que se ha presentado un caso análogo.

Un tercer escenario, es el estatus quo, o en otras palabras, la permanencia del sistema actual, o el avance lento del mercado, con pocos cambios en la estructura regulatoria. Este es el escenario que entendemos se está dando en los actuales momentos.

Luego del análisis de la estructura regulatoria evaluamos cuantitativamente la regulación en el mercado de valores de la Republica Dominicana y pudimos observar que:

❖ Los datos no permiten afirmar que nos encontramos en un proceso de sobre-regulación.
❖ En principio se observó una tendencia hacia la derogación de resoluciones al tiempo que se iban creando otras nuevas. Ese proceso se detuvo en el 2004.
❖ Ha habido una acumulación progresiva de regulación. Sobre todo desde el 2004.
❖ Las razones no son evidentes.

Finalmente entendemos que el mercado de valores de la República Dominicana se encuentra en una encrucijada. Las perspectivas regulatorias no señalan necesariamente que se vayan a operar cambios importantes en el futuro inmediato.

Parece evidente que para que el mercado de valores se desarrolle harán falta cambios estructurales e incentivos.

El concepto generalizado, que no compartimos, es que el mercado de valores viene desarrollándose a buen ritmo. Este factor no contribuye a allanar el camino para que se efectúen los necesarios cambios regulatorios y estructurales.

El volumen que maneja nuestro mercado de valores, que no ha superado el 0.6 del PIB, nos pone en compañía de los demás países del área que no han desarrollado sus mercados de forma considerable.

Nuestros compañeros son Guatemala, Honduras y Nicaragua.

A lo que se debe aspirar es a entrar en el club privilegiado que integran Panamá, El Salvador y Costa Rica, con niveles de capitalización por encima del 40% en relación a su PIB. Esa es nuestra aspiración y entendemos que debe ser la de todos. Costa Rica es un buen ejemplo para nosotros. Con un PIB del 70% del tamaño del nuestro cotizó en el 2006 un volumen 36 veces más alto que el nuestro.

El sector privado está probablemente listo para invertir de forma agresiva en un mercado que le ofrezca esas posibilidades con las seguridades mínimas razonables.

Si el estado resuelve disponer las medidas necesarias para que el mercado de valores se desarrolle podríamos tener resultados positivos. Podríamos lograr el desarrollo del mercado de valores y conseguir que el público general también se involucrara en el mismo. La adición de la inversión de los fondos de pensiones por medio de instrumentos apropiados sería otro incentivo al mercado y también resolvería el problema confrontado por los fondos de pensiones actualmente de encontrar inversiones suficientemente rentables.

El factor confianza como hemos planteado anteriormente es un factor sumamente importante y es un factor limitante pero no creemos que sea un impedimento una vez se hayan hecho las reformas necesarias.

Entendemos que existen serias limitaciones para que la estructura regulatoria se flexibilice en la medida que el mercado de valores necesita. Estos factores son, a nuestro entender: El factor cultural y el factor estructural-regulatorio. La creencia incorrecta de que el mercado de valores se desarrolla actualmente no contribuye tampoco a allanar el camino. El momento político tampoco es propicio.

Entendemos que el mercado de valores seguirá su actual curso de desarrollo lento pues las reformas necesarias difícilmente van a encontrar un ambiente propicio para que sean llevadas a cabo en el futuro inmediato. Nuestro mercado de valores, a nuestro entender, continuará el curso de desarrollo limitado que hasta el momento ha registrado.

En cuanto al marco regulatorio; nuestra investigación indica que la regulación tiende a acumularse. Desde el 2004 viene registrándose un proceso de acumulación regulatoria. No creemos que las condiciones sean favorables, en el corto y mediano plazo, para que se efectúen reformas importantes al mismo.

Bibliografía

1. AMBLER, Tim; BOYFIELD, Keith. "ROUTE MAP TO REFORM: DEREGULATION". Publicaciones del Instituto Adam Smith. Londres. 2005.
2. América Latina y el Caribe: Proyecciones 2006-2007. Centro de proyecciones económicas. División de estadística y proyecciones económicas. Naciones Unidas. CEPAL. Santiago de Chile, abril de 2006.
3. ARLEN, Jennifer; SPITZER, Matthew; TALLEY, Eric "Endowment Effects within Corporate Agency Relationships" Journal of Legal Studies, 2002, vol. 31, Edición 1.
4. BAINBRIDGE, Stephen. "Why regulate insider trading" adaptado de "Insider Trading. An overview" Artículo del 8 de septiembre del 2004.
5. BARRIONUEVO, Arthur. "¿Qué hay de nuevo en las regulaciones?: Telecomunicaciones, electricidad y agua en América Latina. Editorial Universitaria de Buenos Aires. 1998.

6. BROUGH, Wayne T. "Why do we regulate insurance?" Freedomworks January 15th, 2003. (15 de enero de 2003)
7. BUSH, Paul A. "The theory of institutional change". Journal of economic issues. 1987
8. CABEZAS BOLAÑOS, Silvia. "Deuda pública: Utopía de la integración regional" Consejo Monetario Centroamericano - CMCA. Informe especial.
9. CALVO, Alicia Susana: "El Estado capturado", Buenos Aires, Revista Encrucijadas No 19, Universidad de Buenos Aires, mayo de 2002.
10. CARBAJALES, Mariano. "La regulación del mercado financiero. Hacia la autorregulación del mercado de valores". Marcial Pons. Ediciones jurídicas y sociales. 2006.
11. CARPENTER, Daniel; SIN, Gisela. "Crisis and the Emergence of Economic Regulation: The Food, Drug and Cosmetic Act of 1938" Departamento de Ciencias Políticas de la Universidad de Michigan.

12. CEPAL. "Desarrollo económico y social en la República Dominicana: los últimos 20 años y perspectivas para el siglo XXI." Sede sub.-regional de la CEPAL en México. ONU.2000.
13. CEVDET, Denizer; RAJ, Desai; GUEORGUIEV, Nikolay. "2030. The Political economy of financial repression in transicion economies". Banco Mundial. Diciembre 1998.
14. DE SAINT-EXUPÉRY, Antoine. "EL PRINCIPITO". Colección clásicos juveniles Lumen. 1987.
15. DI GIORGIO, Giorgio; DI NOIA, Carmine; PIATTI, Laura. "Financial Market Regulation: The case of Italy and a proposal for the Euro Area". Financial Institutions Center. The Wharton School. Universidad de Pennsylvania. Junio 2000.
16. DILLON, G.D. "Corporate Asset Revaluations: 1925-1934, The Accounting Historians Journal" 1979. pp. 1-15
17. DODD, Randall. "Should the government do more to regulate financial markets?" Wall Street Journal. Classroom Edition. 2003.

18. EIRAS, Ana I.; SCHAEFER, Brett D. "La Crisis en Argentina: Una "Ausencia de Capitalismo" Economic Freedom Project Report #0103. The Heritage Foundation. 2003.
19. EVERETT, Chad "Don't back down. Too much regulation". Artículo del Geek Weekly. 5 de Septiembre, 2003.
20. FELIZ CAMILO, Arturo. "Regulación y desregulación". Seminario maestría derecho empresarial. 2005.
21. FELIZ CAMILO, Arturo. ROJAS, Kathrin, VAZQUEZ, Carlos. "Infracciones y sanciones en el régimen del mercado de valores" Seminario maestría derecho empresarial. Abril. 2006.
22. FERNANDEZ, Alejandro. "Si los construyes, ellos vendrán". Diario Clave. 10 de Enero de 2008.
23. FOLDVARY, Fred E. "Has Deregulation Failed?" The progress report 2002.
24. FREW MACMILLAN, Alex. "Why not central regulation?". Artículo de CNN Money. Septiembre 21, 1999.

25. FRIEDMAN, Milton. "Capitalism and Freedom". The University of Chicago Press. 1982.
26. FRIEDMAN, Milton. "Why government is the problem". Hoover Institution on War, Revolution and Peace. Stanford University. 1993.
27. HAYEK, Friedrich A. "The road to serfdom". The University of Chicago Press.1944.
28. HEDI MEJAI, Mohamed. "Malaysia and the financial crisis" SOAS Economic Digest. Edición de Diciembre 1998, Volumen 2, No. 2 SOAS (UK), Theseus Institute (France) and LBS (UK)
29. IACOBUCCI, Edward; TREBILCOCK, Michael; WINTER, Ralph A. "The Canadian experience with deregulation". University of Toronto Law Journal. 2006.
30. JACOBY, Jacob, "Is it Rational to Assume Consumer Rationality? Some Consumer Psychological Perspectives on Rational Choice Theory" (2000). NYU, Centro de investigación legal y de negocios (Center for Law and Business Research) Paper No. 00-09.

31. KAHN, Alfred. "The economics of regulation. Principles and institutions". The MIT press. Cambridge, Massachusetts. 1988.
32. KANH, Alfred. "Whom the Gods would destroy or how not to deregulate".
33. Ley no. 183-02. Ley monetaria y financiera del 21 de Noviembre de 2002.
34. Ley no.19 del 8 de Mayo del 2000. (19-00) Ley del Mercado de valores.
35. MERTON, Robert C. "The global financial system: A Functional perspective" Cambridge, Mass: Harvard University Press, 1995.
36. MILLER, John A. "Malaysia and the Myth of Self Regulating Markets". Zed Books. 2001.
37. MOKRE, Monika. "Deregulation and democracy: The Austrian Case". Heldref publications. 2006.
38. NAZARETH, Annette. "I minute Interview". Money. Volumen 29. Octubre 2000.
39. NICKERSON, David; PHILLIPS, Ronnie J. "Regulating financial markets: Assesing neoclassical and institutional approaches". Journal of economic issues. June 2003 issue.

40. ORTEGA TOUS, Julio. "Análisis, Datos e informaciones generales sobre la deuda externa de Republica Dominicana". Perspectiva Ciudadana - 30.junio/2003.
41. PEARLSTEIN, Steven. "Regulation Vs. Competition: No Winner yet". Washington Post. Sábado 2 de Noviembre de 2002.
42. PRENTICE, Robert "Whither Securities regulation? Some behavioral observations regarding proposals for its future" Robert Prentice. 2002.
43. RACHMAN, David; MESCON, Michael H. *Business Today.* 5th edition (1987)
44. READ, Simon. "Competition or Regulation?". Publicaciones del Instituto Adam Smith. Londres. 1998.
45. <u>Reglamento de Aplicación de la Ley de Mercado de Valores - Decreto 729-04.</u>
46. RICE, Chris. "SEC's new market system proposals raise more questions than answers". State Street Global Advisors. 28 de Octubre de 2004.

47. SIMON, Herbert A. "Administrative Behavior" Free Press. 4ta. Edición. Marzo 1, 1997.
48. TEJERA, Eduardo J. "Tranque monetario: Prestamos, salvamento y certificados" ". Perspectiva Ciudadana -29 mayo 04.
49. THALER, Richard H. "Mental Accounting Matters" Journal of Behavioral Decision Making. Graduate School of Business, University of Chicago, USA J. Behav. Dec. Making, 12 (1999)
50. THALER, Richard H. "The End of Behavioral Finance." Financial Analysts Journal Vol. 55, No. 6. 1999.
51. THIERER, Adam. "Why communications and media markets will probably never be deregulated". Artículo. 5 de mayo de 2006.
52. VICTORIA, Omar. "Mercado de Valores. Marco regulatorio e Institucional". Presentación para la cátedra de derecho bursátil. 2005.
53. WELLENIUS, Kevin; ADAMSON, Seabron "Is the restructuring of Alberta's power market on the right track? Evaluating Alberta's first 2 years of

deregulation." Tabors Caramanis & Associates publications. Julio 2003.
54. YOUNG, David. "The case of the stock market: Freedom Vs. Regulation". The Foundation for Economic Education, 1984, Vol. 34, No. 3.

Bibliografía en línea

1. "Banking deregulation". The center for responsive politics (centro para políticas sensibles) www.opensecrets.org
2. "How much regulation". Sitio de "Path to Investing". www.pathtoinvesting.com
3. "Too Much Regulation? Corporate Bosses Sing the Sarbanes-Oxley Blues" AEI Brookings Joint Center. (Centro Brookings) Enero 23, 2004. www.aei-brookings.org
4. BROWNE, Harry. "Free market predators Vs. Well-meaning reformers". Sitio de "World Net Daily" www.wnd.com
5. CLAVE DIGITAL. Periódico en línea. www.clavedigital.com
6. Listín Diario. Diario en línea. www.listindiario.com.do
7. NORTH, Gary. "Free market economics: Are we winning?" Sitio de "Lew Rockwell". www.lewrockwell.com

8. Sitio de imágenes gratuitas "Freephoto". www.freefoto.com

9. Sitio de la bolsa de valores de la Republica Dominicana www.bolsard.com
10. Sitio de la Public Broadcasting Service (PBS). www.pbs.org
11. Sitio informativo "Reference for business" www.referenceforbusiness.com
12. Sitio informativo de "Fundamental Finance" www.fundamentalfinance.com
13. Sitio informativo de "Internacional Communist Current" www.internationalism.org (en.internationalism.org)
14. Sitio informativo de SNIPER Market Timing! www.sniper.at/stock-market-crash-of-1987.htm
15. Sitio Informativo del departamento de Inglés de la Universidad de Illinois en Urbana-Champaign (University of Illinois at Urbana-Champaign) www.english.uiuc.edu

16. Wikipedia. Enciclopedia en línea. www.wikipedia.org

www.ingramcontent.com/pod-product-compliance
Lightning Source LLC
Chambersburg PA
CBHW061505180526
45171CB00001B/40